别相信直觉

[美] 赛思·斯蒂芬斯-达维多维茨 著
(Seth Stephens-Davidowitz)

李静逸 译

DON'T
TRUST
YOUR GUT

Using Data to Get What You
Really Want in Life

中信出版集团 | 北京

图书在版编目（CIP）数据

别相信直觉 /（美）赛思·斯蒂芬斯-达维多维茨著；
李静逸译 . -- 北京：中信出版社，2023.9（2024.11 重印）
书名原文：Don't Trust Your Gut: Using Data to
Get What You Really Want in Life
ISBN 978-7-5217-5906-8

Ⅰ.①别… Ⅱ.①赛…②李… Ⅲ.①数据处理—影
响—社会生活—研究 Ⅳ.① C913

中国国家版本馆 CIP 数据核字（2023）第 155994 号

别相信直觉
著者：　　［美］赛思·斯蒂芬斯-达维多维茨
译者：　　李静逸
出版发行：中信出版集团股份有限公司
　　　　　（北京市朝阳区东三环北路 27 号嘉铭中心　邮编　100020）
承印者：　嘉业印刷（天津）有限公司

开本：880mm×1230mm 1/32　　印张：9.75　　字数：193 千字
版次：2023 年 9 月第 1 版　　　印次：2024 年 11 月第 3 次印刷
京权图字：01-2023-3439　　　　书号：ISBN 978-7-5217-5906-8
定价：69.00 元

致朱莉娅

如果数据说，我不爱你

那我希望，数据有误

目 录

数据极客的自助书

你可以做出更好的人生选择。大数据会帮助你。

感谢互联网的发展和所有网络数据，我们对人生最重要之事的看法正在悄然发生巨变。过去几年，专家在形式多样、体量庞大的数据集中不断挖掘，如大型在线相亲网站 OkCupid 上的各种消息、维基百科上的所有资料，还有脸书上的感情状态。他们应该也是第一次在数以亿计的数据点中，找到关于人生基本问题的可靠答案。这些问题包括下面这些。

- 如何成为一名好家长？
- 隐形富豪都是谁，为什么是他们？
- 一个人成为名人的概率有多大？
- 为什么有些人非常幸运？

- 婚姻幸福的征兆是什么？
- 什么寻常小事能让人开心？

对于这些问题，你可能猜不到大数据给出的答案。大数据会建议你做出你之前可能不会做的决定。原因很简单，海量的新数据会对问题做出新的解答，让你或者你认识的人更好地做出选择。

下面举三个例子。这些例子均来自研究人员对人生不同境遇的研究。

第一个例子，假设你是一个单身青年。目前，你的约会次数并不如你所愿。于是，你用了别人建议的各种方法让自己的外表看上去更好看：下功夫打扮自己，美白牙齿，花大价钱换一个新发型。但是，你依然没能成功约会。

大数据分析可能会帮你成功约会。

克里斯蒂安·鲁德尔是一名数学家兼作家，他研究了在OkCupid上收获"喜欢"的数千万种情况，以了解该网站上最成功的约会者具有哪些特征。鲁德尔发现，那些最受欢迎的约会者都拥有像布拉德·皮特和娜塔莉·波特曼那样大家公认的美貌。这个发现并不让人感到意外。

但是，通过大量数据，鲁德尔发现，有一类约会者的表现令人惊讶。他们通常拥有不同于常人的外表，比如，他们可能染一头蓝发、展现身体艺术、戴着造型夸张的眼镜或剃光头。

为什么会这样？这些不走寻常路的约会者的成功秘诀在于，虽然很多人不会特别关注他们，甚至对他们根本不感兴趣，但还有一部分人就是喜欢他们。[1] 而在约会中，这种"就是喜欢"的感觉至关重要。

在约会这件事上，除非你本人明艳得不可方物，否则包装自己的最好方法，用鲁德尔的话来说，就是"要么很多人爱你，要么很多人不爱你，但是不要让人觉得'嗯……还可以'"。鲁德尔发现，这样改变之后，人们在网站上被打招呼的次数增加了 70%。数据表明，发掘并展现自己的特别之处，会让一些人特别喜欢你。

第二个例子，假设你刚刚有了宝宝[①]。为了抚养他长大，你需要选一个社区居住。你知道怎么选社区——咨询朋友、上网查基本信息、实地看房，好啦，你为自己家选了一个满意的住所。你以为这里不会有什么门道。

不过，选择居住地现在有了科学依据。

利用最新的数字化纳税记录，研究人员研究了数亿名美国人的生活轨迹。他们发现，如果一个人从小在某些城市生活，或者说在这些城市的某几个社区生活，那么他就更有可能取得

———————————

① 恭喜！

更高的成就。这些社区不是人们通常认为好的那些社区，也不是房价昂贵的那些社区。基于对大量数据的广泛分析，研究人员绘制了一份地图，其中记录了美国所有社区的品质。

数据分析的作用远不只是这样。研究人员继续深挖数据，寻找最适合孩子成长的社区所共有的特征。在这个过程中，他们的发现颠覆了很多传统育儿理念。感谢大数据，我们终于能够告诉家长，要想培养出一个成功的孩子，什么最重要（比如，成年人行为的榜样作用），而什么远没有那么重要（比如，学费高昂的学校）。

第三个例子，假设你是一个怀才不遇的画家。你购买了绘画领域的各类书籍，听取了朋友们的反馈，反复调整作品价格，但你依然没能出人头地，也不知错在何处。

大数据发现了一个人们很可能会犯的错误。

近期，塞缪尔·P. 弗雷伯格及其团队针对数十万名画家的职业发展路径开展了一项研究。[2]该研究发现了一种潜在模式，揭示了为什么有些画家功成名就，而另一些画家没有成功。那么，著名画家和无名小卒之间的区别到底是什么？

区别就在于画家如何展示自己的作品。大数据告诉我们，那些没有任何突破的画家往往倾向于在几处地点反复展示作品；相反，那些功成名就的画家会在更多的地点展示作品，以便抓住偶然的成功机会。

很多人都强调过在工作中展示自己的重要性。但是，数据科学家发现，这种"展示"是指在尽可能多的地方展示自己。

尽管本书给单身人士、新手父母或拥有雄心壮志的画家提供了更多的建议，但本书并不只针对他们。我的目标是将全新的大数据结论告诉你，希望对你人生的任一阶段都有所帮助。本书将会使用数据科学家最新的研究成果，告诉你如何更加快乐、如何更加亮眼、如何更快地晋升等等。而我撰写本书的契机是某晚的一场棒球比赛。

生活中的魔球

我和其他棒球球迷一样，都察觉到现在的棒球比赛和30年前的棒球比赛相差甚远。我在青年时代追捧纽约大都会队，那时棒球队凭直觉打球；经理靠感觉确定棒球队要打触击还是偷垒；棒球队在选秀时依据的是球员青年时期的表现。

但是，从20世纪下半叶开始，种种迹象表明，棒球比赛可以变得更加精彩。在我小时候，我父亲每年都会买一本比尔·詹姆斯写的新书。詹姆斯曾是美国堪萨斯州一家黄豆猪肉罐头厂的夜班保安，也是一名狂热的棒球球迷。他用一套非常规的方法——当时刚上市的计算机和数字化的比赛数据，来分析棒球比赛。人们称詹姆斯和他的同行为棒球数据分析师。根据他们的数据分析结果，我们可以看出，球队依靠直觉做出的决定往往会酿成大错。

球队应该打几次触击？棒球数据分析师的回答是：尽量少打。球队应该偷几次垒？几乎不用。如果一名球员能够制造很多保送，那么他身价多少？远超预期。球队在选秀时应该选哪些人？多从大学联赛的投球手中进行选择。

对詹姆斯的理论感兴趣的不只我父亲一个人，还有比利·比恩。比恩曾是一名棒球运动员，后转做棒球教练。在他成为奥克兰运动家队的总经理后，他用棒球数据分析师的策略运营球队。

结果无比成功。奥克兰运动家队用棒球联赛历史上最少的资金，分别在 2002 年和 2003 年打入季后赛。[3]这段经历也被写入《魔球》一书，之后这本书被改编成电影《点球成金》，闻名世界。自那时起，数据分析在棒球比赛中变得无比重要。坦帕湾光芒队，一度被称为"比魔球奥克兰运动家队更具魔球特点的球队"[4]，凭借联赛第三少的球队资金成功闯入美国职业棒球大联盟（MLB）2020 年世界大赛。

之后，魔球理论及其核心观点——数据可以纠正偏见，改变了其他很多机构，比如其他体育项目的机构。NBA（美国职业篮球联赛）各球队越来越依赖数据分析，比如追踪记录投篮轨迹。[5]通过研究 3 亿次投篮数据，球队发现了大量非最佳投篮选择。上述分析发现，在 NBA 跳投手投丢的所有球中，过近投篮次数是过远投篮次数的二倍。球员在底角投篮时，或许因为担心砸到篮板，投篮总是偏向远离篮板的一侧。球员已经开始利用这些信息调整投篮以提高自己的命中率了。

在很大程度上，硅谷的公司也开始依赖魔球理论。我之前在谷歌做数据科学家，我的前东家显然非常相信数据在做重大决策时的作用。之前有一件很出名的事情，即一位设计师从谷歌离职，原因是谷歌经常会忽视专业设计师的直觉，而选择相信数据。当时，让这位设计师下定决心离职的是一个实验。为了确定谷歌邮箱里哪种蓝色的广告链接能获得最高的点击量，该实验设计了 41 种蓝色并搜集对应的点击量数据。[6] 这位设计师可能对这种做法感到很无奈，但这一实验给谷歌带来了每年 2 亿美元的额外广告收入。[7] 在发展到市值 1.8 万亿美元的过程中，谷歌始终相信数据的力量。正如谷歌前 CEO（首席执行官）埃里克·施密特所说："我们只相信上帝，其他所有人都必须用数据说话。"[8]

世界顶级数学家、文艺复兴科技公司创始人詹姆斯·西蒙斯将严谨的数据分析带到了华尔街。他和一个定量分析师团队一道做了一次前所未有的尝试，即建立一个包含股价和真实事件的数据集，并深入分析其中的规律。在公司财报公布后，股价会怎么样？经济下行时呢？新闻曝光后呢？

文艺复兴科技公司自创立以来，其旗下的王牌基金产品大奖章基金完全依靠数据模型进行交易，扣除管理费前的回报率为每年66%。[9]同期标准普尔500指数回报率仅为每年10%。研究有效市场假说的经济学家肯尼思·弗伦奇认为，任何产品的回报率几乎都不可能高于标准普尔500指数。他将文艺复兴科技公司的成功解释为"它就是比其他公司好"[10]。

但是，在个人生活中，我们如何做出重大决定？我们如何选择与谁约会，与谁步入婚姻殿堂？我们如何生活？我们是否需要找一份工作？

我们的选择更像2002年的奥克兰运动家队，还是那时的其他棒球队？更像谷歌公司，还是零售店？更像文艺复兴科技公司，还是传统的资金管理者？

我想说，在一生绝大多数的时间里，大多数人在做出重大决定时，都非常依赖直觉。我们会咨询身边的朋友、家庭成员或所谓的人生赢家。我们或许听过信口开河的建议，又或许窥见了一些统计学基础知识。然后，我们会做一些自我感觉良好的事情。

当我观看那场棒球比赛时，我非常好奇，如果我们以数据为基础做出人生的重大选择，会发生什么？如果我们以比利·比恩运营奥克兰运动家队的方式度过一生，又会发生什么？

近些年来，我觉得人们越来越有可能用数据决定人生。我的上一本书《人人都在说谎》讲述了互联网提供的所有新数据是如何改变我们对社会的理解和思维方式的。数据革命率先在棒球比赛中进行，要感谢那些痴迷于数据的棒球球迷，他们搜集并分析了各类数据。"人生之球"的革命则要归功于我们的智能手机和电脑搜集的所有数据。

让我们思考一个重要的问题：什么让人快乐？

20 世纪，能够严谨且有条理地回答这个问题的数据并不存在。当棒球界开始"魔球革命"时，每场棒球比赛的数据都被完整地记录了下来，所以，棒球数据分析师可以逐场分析比赛数据。但在当时，数据科学家并没有像记录每场比赛那样，记录人生的选择和随之产生的情绪。与棒球比赛不同，严谨的定量分析无法分析快乐。

但现在可以了。

两位杰出的研究人员——乔治·麦克隆和苏珊娜·莫拉托利用 iPhone（苹果手机）等智能手机建立了一个前所未有的有关快乐的数据集，他们把这个项目称作"快乐地图"[11]。他们招募了上万名手机用户，每天向用户发送消息，问一些简单的问题，比如他们在做什么，与谁在一起，开心程度如何。由此，一个包含 300 多万个快乐数据点的数据集形成了，而之前的相关研究只有几十个数据点。

在根据几百万个数据点分析得出的结论中，有些非常具有启发性。比如，当体育迷支持的球队输掉比赛时，他们的痛苦程度高于球队赢得比赛时的快乐程度。有些结论与人们的直觉完全相反。比如，你做家务时喝点儿酒，此时获得的快乐比社交时喝酒获得的快乐要多。有些结论非常深刻。比如，工作让人痛苦，除非你与朋友一起工作。

由数据得出的大多数结论都非常实用。你是不是也曾好奇过，天气如何影响我们的心情？在快乐程度上，哪些活动会系统性地欺骗我们？金钱在让人快乐中到底扮演着什么角色？周遭环境在多大程度上影响我们的感受？感谢麦克隆、莫拉托等一众科学家的研究，上述所有问题现在都有了可靠的答案，本书的第八章和第九章将会细致地阐述它们。事实上，我会以从数百万条智能手机信息中发现的快乐方案来结束本书，我将其称为"数据对生活之问的回答"。

所以，在受到那场棒球比赛的启发后，我在过去4年进行了深入的研究。我与研究人员对话，阅读了大量的学术论文，还仔细研读了论文的附录。而且我确信，研究人员肯定想不到我使用的研读方式。同时，我自己也做了一些相关研究和解读。我的工作就像是在婚姻、育儿、运动天赋、财富积累、创业、运气、外貌和快乐等领域中发现比尔·詹姆斯这类人，同时让阅读这本书的你成为自己生活中的比利·比恩。现在，我已经做好了准备，向大家展示我学习到的一切内容。

我将其称为"生活中的魔球理论"。

生活中的魔球理论

在研究开始前，我问了自己一些基础问题。建立在魔球理论上的生活会是什么样的？如果像奥克兰运动家队和坦帕湾光芒队一样依靠数据而非直觉，我们个人生活的决定会怎样？《魔球》一书面世后，我们再看棒球比赛时就会发现，数据驱动型棒球队的一些打法看起来，嗯……有些奇怪，比如内场手位置的选择。

在后《魔球》时代，越来越多的棒球队选择"内场移防布阵"。球队把防守球员集中在场地同一位置，让其余大片场地处于无人防守的状态，这似乎给击球员留出了广阔的击球空间。对传统棒球比赛的球迷而言，内场移防布阵简直荒唐至极。但事实恰恰相反，此打法相当合理，因为这是经海量数据分析得出的战术。[12]这些数据能够告诉球员在哪些位置击球更易击中。而击中球数印证了选择内场移防布阵及数据分析的正确性，尽管它们看起来不正确。

如果将魔球理论应用于生活中，我们同样会发现，一些看似奇怪的选择实则非常合理。我们可以将其称为生活中的内场移防布阵。

我们在前面讨论过一些例子。为了获得更多的约会，将自己剃成光头或染一头蓝发，这便是一种生活中的内场移防布阵。下面是从销售大数据中发现的另外一种移防布阵。

假设你在销售一些东西。这种经历现在越发常见了。正如丹尼尔·平克在《全新销售》一书中所指出的，不管我们是在"劝说同事、说服投资人，还是在哄逗孩子……我们都在销售"[13]。

反正，不管你销售的是什么东西，你都会尽全力去做。

你把推销的话术写了下来。（很好！）你练习推销的话术。（很好！）你晚上睡了一个好觉。（很好！）你吃了一顿丰盛的早餐。（很好！）你克服了紧张并最终迈出了一步。（很好！）

当你进行销售时，你要记得通过大大的、发自内心的露齿笑表达你的热情（这个……其实不太好）。

最近一项研究分析了销售人员的面部表情对销售额的影响。

这项研究使用的数据集包含 99 451 名销售人员的直播零售业绩。（近年来，人们更多地在亚马逊直播等服务平台上买东西，这些平台让商家能够通过视频的形式向潜在客户推销产品。）研究人员搜集了每名销售人员的工作视频及最终的销售数据（还有相应的商品数据，比如价格、是否包邮）。

研究方法是人工智能和深度学习。研究人员将 6 232 万帧视频转换为数据，利用人工智能技术为视频中销售人员的面部表情编码，比如销售人员看起来是生气的、厌恶的、害怕的、惊喜的、悲伤的，还是快乐的。

研究发现，销售人员的面部表情是影响销售额的主要因素之一。当销售人员出现生气或厌恶等负面情绪时，他们的销售额较低；愤怒当然不会带来任何销售额。令人惊讶的是，当销售人员出现快乐或惊喜等积极情绪时，他们的销售额也较低；开心也不会带来任何销售额。如果想要提高销售额，销售人员就应该控制一下自己的兴奋情绪，因为比起面带笑容，销售人员严肃一点儿所带来的销售额是商品包邮的二倍。[14]

有时，为了将产品卖出去，你应该少点儿热情。这乍一听可能不对，但数据告诉我们，这才是正确的做法。

从《人人都在说谎》到《别相信直觉》

请允许我稍缓一下，向我写的第一本书《人人都在说谎》的读者解释一下现在这本书。你们中的一些人可能会被这本书吸引，因为你们是我第一本书的书迷。如果这还不能解释为什么你翻开了这本书，那么我或许可以用接下来的几段话说服你购买它。让我试试。

《人人都在说谎》一书讨论了我的一项研究——如何利用谷歌搜索揭露人们的所思所想和所作所为。我将谷歌搜索称为

"数字吐真剂"，因为人们面对搜索引擎时总是非常诚实，所以我也把谷歌搜索数据称为迄今为止最重要的人类心理数据集。

我在《人人都在说谎》中展示了下面这些内容。

- 有关种族主义的谷歌搜索数据预测了奥巴马在 2008 年和 2012 年的美国总统大选中，在哪些州的得票率不高。
- 人们常在谷歌搜索中输入完整的句子，比如"我讨厌我的老板""我喝多了""我喜欢我女朋友的胸"。
- 在印度，在以"我的丈夫想要"开头的谷歌搜索数据中，数量最多的是"我的丈夫想要我给他喂奶"。在印度，关于如何给丈夫喂奶的谷歌搜索量和如何给孩子喂奶的搜索量几乎一样。
- 在美国，"自行堕胎"的谷歌搜索量最高的地区正是难以进行合法堕胎的地区。
- 男性在谷歌上对"如何让自己的生殖器更大"的搜索量远高于"如何给一把吉他调音""如何给轮胎打气""如何做煎蛋卷"。关于生殖器，男性最常在谷歌搜索的是"我的生殖器有多大"（见图 A）。

在《人人都在说谎》一书的最后，我写到自己的下一本书可能会叫《人人都还在说谎》，并将持续探索谷歌搜索告诉了我们什么。抱歉，我想我说谎了。

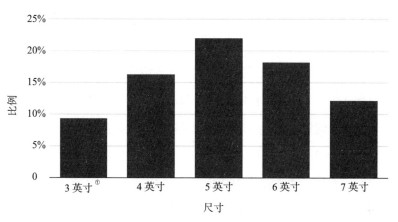

图 A　关于"我的生殖器有多大"的谷歌搜索

　　从表面上来看，这两本书完全不同。如果你想在本书中看到更多关于男性搜索自己生殖器的数据分析，你肯定会大失所望。嗯……好吧，那我再给你讲一点。你知道男性有时候会在谷歌搜索中输入一个完整描述他们生殖器大小的句子吗？[15]比如，他们会在谷歌搜索中输入"我的生殖器有 5 英寸"。如果你分析了所有这类搜索的数据，那么你就会得出，报告给谷歌搜索的生殖器尺寸数据接近正态分布，中位数为 5 英寸。

　　让我们通过我的研究进入谷歌搜索数据的奇异世界吧。如前所述，你可以在《人人都在说谎》一书中更多地了解这个

———————————

① 　1 英寸 ≈2.54 厘米。——编者注

世界。

与《人人都在说谎》不同，本书中提到的很多研究都来自他人，而非我自己。《别相信直觉》更加实用，因为书中的内容与自我提升紧密相连，并非对现代生活的各个部分进行研究探索。此外，本书对性的关注度明显低于上一本书。本书中关于性的任何讨论都不再涉及上一本书中大量提及的隐秘的性欲或两性之间的不安全感。相反，本书中关于性的讨论是关于性能否让人快乐的（答案是可以）。

但我依然认为，本书就是上一本书的续作，原因有二。

第一，我写这本书的部分原因是想追踪读者真正想要的数据，而不是听他们所说的。在写完《人人都在说谎》之后，和其他优秀的市场研究人员一样，我询问了我的读者，想知道他们对书中哪些内容最能产生共鸣。很多人告诉我，书中关于全球性问题的讨论，比如虐待儿童和不平等现状，以及关于如何解决这些问题的讨论打动了他们。

但是，作为《人人都在说谎》的作者，我其实并不太相信读者说的，所以我还想参考其他方面的数据，或许是"数字吐真剂"。通过亚马逊电子阅读器等平台，我可以看到读者在电子版《人人都在说谎》中都重点标记了哪些内容。我注意到，他们通常对关于如何改善自己生活的内容做下划线等标记，而鲜少对如何改变世界的内容做标记。于是，我得出结论：不管人们承认与否，他们终究会被有关"自助"的内容吸引。

另一项关于亚马逊电子阅读器的广泛研究也得出了相似的结论。研究人员发现，在所涉及的大量被标记的句子中，"你"出现在下划线最多的句子中的频次是这个字出现在其他句子中的频次的 12 倍。换句话说，人们很喜欢"你"这个字所在的句子。[16]

因此，本书的第一段话是："你可以做出更好的人生选择。大数据会帮助你。"

这是依靠数据而非直觉写下的第一段话。它出现在一本帮助你得偿所愿的书中。你喜欢吗？

在对史上最畅销的书一探究竟后，我们便能知道为何这些能够给读者带来帮助的书如此受欢迎。我统计了过去各类畅销书，在非小说类里，占比最大的是自助类（约占非小说类畅销书的 42%），其次是名人回忆录（28%），排名第三的是性研究（8%）。[17]

在此说明一下，通过追踪数据，我想率先将这本自助书完成；接下来，我还会撰写《性与数据》；最后，我希望借这两本书的热度，再写一本《通过追踪畅销书数据而出名的作家：赛思回忆录》。

第二，《人人都在说谎》和本书的另一个关联是，本书也运用数据揭示现代生活中的秘密。数据之所以能够帮助我们做出更好的决定，原因之一是我们对世界的基本事实并不知晓。大数据揭示了一个秘密：谁能在生活中获得自己想要的东西？

比如这个：谁是富人？很显然，这个问题的答案将会帮助每一个想要追求更多财富的人。然而，想知道答案并不简单，因为多数富人财不外露。

最近的一项研究利用数字化的新纳税记录，针对富人群体开展了迄今为止最全面的研究。[18] 研究人员发现，美国典型的有钱人并不是科技大亨，也不是公司高管，更不是你猜想的其他什么人。研究表明，美国典型的有钱人做的都是"地区生意"，比如汽车经销商或饮料经销商。这谁能想到？！在本书的第四章，我们将会展开讲讲为什么他们是有钱人，以及这对职业选择有什么启示。

媒体也对我们撒谎了，或者说它们至少通过挑选并报道特定事件，误导了我们对世界运转方式的看法。利用数据揭穿这些谎言有益于我们做出正确的决定。

以年龄和创业成功的关系为例。数据表明，媒体对企业家年龄的报道给我们造成了极大的错觉。最近的一项研究表明，商业杂志中报道的企业家的年龄中位数为27岁。[19] 媒体非常热衷于报道那些年轻有为的企业家及其背后的风月故事。

但实际上，企业家的平均年龄到底是多少？这项关于全球企业家的研究发现，成功企业家的平均年龄为42岁[20]，60岁以前创业成功的概率比较大[21]。此外，年长在创业时确实会发挥优势，这一点在科技领域也适用，虽然大多数人认为科技领域需要年轻人来掌握新工具。[22]

所以，对那些感觉错失了创业机会的中年人来说，这就是有用的信息。在本书的第五章，我们将会打破创业成功过程中的一些神话，讨论一个由数据分析得出的可靠方案。这个方案能够让任何一个人创业成功的可能性最大化。

当你知道世界运转方式的真实情况并拒绝听信其他人和媒体的谎言时，你已经为做出更好的人生选择做好了准备。

从上帝到感觉，再到数据

在《未来简史》的最后一章中，尤瓦尔·赫拉利写道：我们正在经历一场重大的宗教革命，类似的革命自18世纪以来人类再未经历。赫拉利将这种全新的宗教称作数据主义。[23]数据主义崇拜数据。

我们是怎么走到这一步的？

在人类历史长河中，大多数智者都认为上帝具有最高权威。赫拉利在书中写道："每当人们不知道如何选择结婚对象或职业，又或是否应该开战，人们就会遵照《圣经》的指示。"

赫拉利认为，发生在18世纪的是人文主义革命，这场革命挑战了以上帝为中心的世界观。伏尔泰、约翰·洛克以及我最喜欢的哲学家大卫·休谟等人均认为，上帝是人类虚构的，《圣经》里的规则都是错误的。这些哲学家认为，如果没有外部的权威引领我们，我们就应自我领导。赫拉利指出，在人文主义革命时代，当做出重大选择时，人类会"听从自己的内心""看日落""写个人的私密日记"，并"和密友谈心"。

赫拉利指出，数据主义革命质疑了人文主义者以感觉为中心的世界观，这可能需要几十年或者更长的时间才能被大家接受。生命科学家和生物学家对"感觉是一种准宗教"表示质疑。用赫拉利的话来说，生命科学家和生物学家觉得，"生物就是算法"[24]，感觉仅仅是"生化计算的过程"。

之后，阿莫斯·特沃斯基和丹尼尔·卡尼曼等著名行为科学家发现，感觉经常将我们引入歧途。特沃斯基和卡尼曼告诉我们，我们的思想中充满了偏见。[25]

你认为凭直觉行事可靠吗？特沃斯基和卡尼曼表示并不可靠。比如，我们经常过于乐观，高估容易记住的故事的流行程度，相信我们想要相信的信息，乱总结、瞎预测。除这些外，还有很多类似的例子。

对人文主义者来说，"听从自己的内心"充满了自由和浪漫的意味。但坦白来说，在你阅读了最新一期的《心理学评论》或维基百科上的精彩文章《认知偏见列表》后，你就会意识到"听从自己的内心"其实非常危险。

最终，大数据革命能给我们提供一种替代"听从自己的内心"的选择。对人文主义者来说，直觉和同伴的忠告是我们在无神世界中唯一可依靠的智慧源泉；而数据科学家正在建立和分析庞大的数据集，帮助我们从思维偏见中走出来。

赫拉利在《未来简史》中还对数据革命进行了更多的描述："在 21 世纪，感觉不再是世上最好的算法。我们正在利用前所未有的运算能力和庞大的数据库开发更强的算法。当你考虑要与谁结婚、从事什么职业、要不要发动一场战争时，答案是，现在算法比我们更了解我们自己。"

我还不敢妄言《别相信直觉》会成为数据主义的《圣经》或"十诫"。但如果你认为本书讨论的成果会成为数据主义的先知，那么我非常赞同。（研究成果确实极具开拓性。）

同时，我也希望这本书能够向你展示数据主义视角下的世界，并提供一些算法，帮助你或你的朋友做出重大选择。本书包括 9 章，每一章都涉及生活的一个重要方面，以及哪些数据可以在这方面帮助我们。在第一章，我们将会讨论一个或许是人生中最重大的决定。这个决定也是赫拉利列出的第一个会被数据主义改变的决定。

所以，数据主义者和未来的数据主义者们，让我们进入第一个话题：算法能不能帮你决定"和谁结婚"？

婚姻中的人工智能

"你会和谁结婚？"

这或许是对人生影响最深远的决定，就连亿万富翁沃伦·巴菲特都这么认为。他将此称为"你做出的最重要的决定"[1]。

人们很少依据科学做出这个决定。不过说实话，科学能提供的帮助也不多。

虽然"关系科学"领域的专家们试图提供一些科学支持，但这需要招募大量夫妻，难度很高，开销也很大。所以，之前的相关研究只有少数夫妻参与，而且不同的研究还会得出相互矛盾的结论。2007 年，罗切斯特大学的著名学者哈里·赖斯将关系科学研究比作一个青少年："（它）野蛮生长，有时难以控制，抑或神秘得超乎想象。"[2]

但几年之后，来自加拿大的萨曼莎·乔尔想要改变这种研究现状。这位年轻聪明的科学家充满活力，拥有极强的好奇心。她和诸多同行一样，对如何维系良好的亲密关系非常感兴趣。但是，乔尔的研究方法与其他人完全不同。她没有招募少量夫妻参与研究，而是将之前的研究数据进行了整合。乔尔认为，如果能将已有的小规模研究中的数据汇总成一个庞大的数据集，那么她就能找到使一段亲密关系走向成功或失败的影响因素。

乔尔成功了。[3] 她尽其所能，邀请了该领域的几乎所有专家，组建了一个包含 85 名科学家的团队。乔尔利用团队搜集的亲密关系数据，建立了一个包含 11 196 对夫妻样本的数据集。[①]

这个数据集规模惊人，其中的信息也让人印象深刻。

乔尔团队对数据集中每对夫妻的幸福程度都进行了量化评估，任何你能想到的衡量亲密关系的数据，都能在数据集中找到。数据包括如下内容。[4]

- 夫妻基本信息（比如，年龄、教育背景、收入和种族）。
- 外貌特征（比如，其他人对夫妻二人外貌的评价）。
- 性生活喜好（比如，夫妻二人分别想多久进行一次性生活，以及他们期望性生活有多么不同寻常）。
- 兴趣爱好。

---

① 这项研究的主要研究对象为异性恋。之后的研究或许会涉及同性恋，并探索两个群体之间的差异。

- 身心健康程度。
- 价值观（比如，政治理念、人际交往理念和育儿理念）。

……

此外，相较于该领域的其他研究团队，乔尔团队不仅拥有更多的数据，还有更好的统计方法。他们利用机器学习进行研究。机器学习是人工智能的一个分支，当代学者可以借此在海量数据中发现隐藏的数据模型。有人称乔尔的项目为"婚姻中的人工智能"，因为这是人们第一次利用高科技手段研究亲密关系中幸福的标志是什么。

如果你喜欢猜谜，那么你可以试着猜一下研究结果。你觉得什么能最好地维系一段亲密关系？共同的兴趣爱好是不是比共同的价值观更加重要？从长远看，性生活合不合拍到底有多重要？相似的经历会让你和你的伴侣更快乐吗？

在建立研究团队、搜集和分析数据之后，乔尔已经准备好对外发布研究成果了，这或许是关系科学历史上最让人激动的研究成果。

2019 年 10 月，乔尔在加拿大滑铁卢大学进行了一次专题报告。[5] 报告题目直截了当——《我们可以帮助人们更好地选择伴侣吗》。

那么，萨曼莎·乔尔在与其余 85 位全球最著名的科学家组建了团队，汇总了来自43项研究的数据，从上万对夫妻中搜集并分析了百余个变量，使用了最先进的机器学习模型后，她真的能帮助人们更好地选择伴侣吗？

答案是：不能。

萨曼莎·乔尔在一场线上采访中告诉我，数据给他们上的第一课或者说最让他们惊讶的一点是，"亲密关系很难预测"[6]。乔尔团队发现，基本信息、个人爱好、价值观其实对两个人在感情中是否幸福并没有太大影响，这一点让人感到非常意外。

然而，人工智能现在已经可以做到下面这些事。

- 在国际象棋和围棋比赛中击败最厉害的人类棋手。
- 仅根据互联网舆情，准确预测5天后可能发生的社会动荡。[7]
- 根据一个人散发的异味，判断其现有的早期健康问题，比如是否患帕金森病。[8]

但是，如果你问人工智能，两个人在一起能否幸福一辈子，那么它会和我们一样，毫无头绪。

嗯……这听起来确实很让人失望，而且对我的这本书来说，这个结论其实是一个恐怖的开篇，因为我已经大胆论断了数据科学可以改变我们做出的各种人生选择。可是，在我们选择伴侣、做出人生中最重要的决定时，数据科学真的提供不了任何帮助吗？

倒也未必。尽管人工智能预测两个人感情是否幸福的能力远不及预期，但乔尔团队在使用机器学习进行研究时，还是得到了一些重要结论。

其中一个结论是，乔尔团队所做的研究中涉及的影响夫妻幸福与否的因素的实际作用非常小，但他们还是发现了一些能略微提高夫妻幸福感的因素。另一个更重要的结论是，预测两个人感情是否幸福的难度非常高，这令人感到意外。这也对伴侣的选择产生了反直觉的影响。

想想看，之前很多人坚信乔尔团队研究的这些因素对选择伴侣来说非常重要。一些具有某种特征的人会拥有众多的追求者，因为大家相信这些特征会让自己感情幸福。如果大家在相亲市场上追求的多数特征与婚姻幸福并没有太大关系（即乔尔团队在研究中发现的情况），那么大部分人就都选择了错误的约会对象和相亲对象。

这就将我们引向了另外一个古老的问题——人是如何选择伴侣的呢？最近，具有颠覆性的新数据对这个问题进行了回答。

在过去短短几年时间里，其他研究团队开始深挖在线相亲网站的相关数据，梳理包含成千上万名单身人士特征和行为的大型数据集，以此确定哪些因素能够反映感情渴望度。与研究感情中的幸福度不同，对感情渴望度的研究的结论是完整可靠的。令数据科学家意想不到的是，虽然确定伴侣身上哪些特征可以带来幸福的难度极大，但确定哪些特征能吸引约会对象是非常简单的。

其实，最近一项研究不仅能够非常准确地预测出一个人对在线相亲网站上的相亲对象是"喜欢"还是"不感兴趣"，而且可以非常准确地预测出这个人要花多长时间才能得出这样的结论。[9]（当遇到接近自己相亲或约会标准的人时，人们通常会在对方的个人页面上停留更长时间。）

换言之，我们很难用数据预测出好的伴侣是什么样的。但是，我们可以轻而易举地用数据预测出一个人期望中的伴侣是什么样的。由此可见，我们很多人正在与错误的人约会。[①]

人们想要什么样的伴侣

21 世纪早期，人们寻找爱情的方式发生了变化，这主要体现在线上相亲的不断发展上。20 世纪 90 年代，人们寻找伴侣的方式主要有 7 种，最常见的方式是朋友介绍，其他 6 种按占比大小排列，分别是：通过工作认识、在酒吧邂逅、家人介

---

① 简言之，想知道你喜欢哪类人很容易，但想知道你会与谁谈恋爱很难。

绍、在学校认识、作为邻居认识以及在教堂偶遇（见图 1–1）。

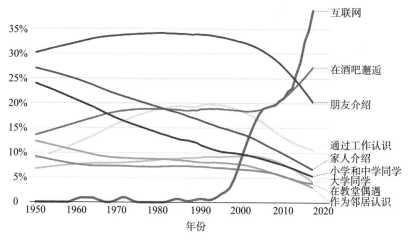

图 1–1　异性恋夫妻如何结识彼此

1994 年，全球第一个现代在线相亲网站 Kiss.com 创立。一年之后，Match.com 成立。2000 年，我兴冲冲地注册成为 JDate 的用户，JDate 是一个犹太人在线相亲网站。起初，我自以为发现了什么与众不同的新潮玩意儿，不过之后我很快发现，其实大部分用户都是像我这样的怪人。

但自那时起，在线相亲市场的用户规模激增。2017 年，大约 40% 的夫妻通过互联网结识，而且这个比例每年都在上升。

在线相亲对人们的感情生活有好处吗？这有待商榷。很多单身人士抱怨在线相亲软件和网站上的互动、匹配、约会让人感到非常失望。最近，Quora（美国问答网站）上有一些对在线相亲的抱怨，包括"让人疲惫""很多女性用户的个人资料看起来非常吸引人，但其真实身份大多是尼日利亚骗子"，还有很多"别人主动发来的男性裸体照片"[10]。

但在线相亲有一个作用毋庸置疑——对于研究恋爱的科学家，在线相亲无疑是优质的数据来源。客观来讲，研究恋爱科学的相关人士绝不会抱怨在线相亲软件和网站的存在。

如前文所述，在20世纪，人们在线下追求自己爱慕的人时，单身人士做出的选择只有少数人知道，且很快就会被忘记。那时的科学家如果想知道人们想要什么样的伴侣，基本上只有一种选择：直接问当事人。1947年，哈罗德·克里斯坦森进行了一项开创性的研究。克里斯坦森调查了1 157名学生，并让他们给未来伴侣的21种特征的重要性打分。[11]结果表明，无论男女，他们均表示自己最看重的特征是"性格可靠"，最不看重的特征是"外表美丽"和"财力雄厚"。

但是，我们能相信这些自述吗？众所周知，人们喜欢在一些敏感话题上撒谎。（事实上，这是我上一本书《人人都在说谎》的主题。）或许，人们不想承认自己有多想和外表美丽、楚腰纤细或者家财万贯的人约会。

21世纪，研究人员发现了比直接询问更好的方式。现在，软件或网站见证了人们的求爱过程，其中的用户资料、浏览记录、聊天记录等相关数据都可以保留下来。"喜欢"和"不感兴趣"也可以很容易地通过代码转换为 CSV 文件（一种文件格式）。世界各地的研究人员已经从 OkCupid、eHarmony、Match.com、Hinge 等多个相亲平台中挖掘出了大量数据，并由此研究各种因素对人们在相亲市场上受欢迎程度的影响。通过研究，他们轻松获得了一种前所未有的视角，充分了解了一个人为何能够吸引他人。

我在前言中提到，在小众相亲市场中，人们还可以用其他方式吸引别人。但这些特征通常都可以被预测。

所以，什么样的特征可以吸引别人？

关于人们想要什么样的伴侣的第一个真相，就像生活中的其他真相一样，是在科学家发现之前由一位摇滚明星指出的。正如来自数乌鸦乐团的亚当·杜里兹于 1993 年在代表作《琼斯先生》中所唱的那样："我们都追求美。"

如果长相出众

京特·J. 希奇、阿里·霍尔塔奇苏、丹·艾瑞里等研究人员研究了某线上相亲网站的上万名异性恋用户。

研究人员搜集了这些用户的照片资料，然后打包发给了另外一组人，请他们根据照片对这些用户的外貌吸引力进行打分，分值为 1~10 分。

有了外貌评分数据后，研究人员又通过用户收到陌生人私信的频率以及私信被回复的频率来评估他的吸引力，进而得出外貌会在多大程度上影响一个人的吸引力（见图1–2和图1–3）。

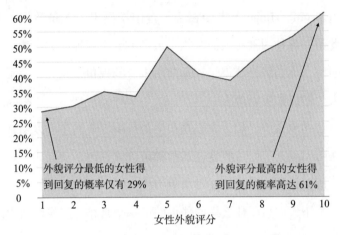

图 1–2　外貌评分最高的男性回复不同外貌评分女性的概率

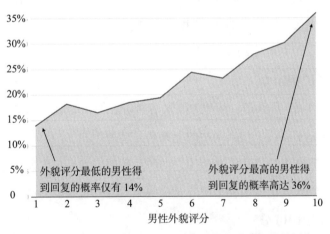

图 1–3　外貌评分最高的女性回复不同外貌评分男性的概率

研究人员发现，外貌会影响一个人的吸引力，而且影响非常显著。[12]

大约 30% 的女异性恋用户在网站上成功约会是可以用她们的外貌来解释的。女异性恋用户不像男异性恋用户那么肤浅——仅有约 18% 的男异性恋用户在网站上成功约会是可以用他们的外貌来解释的。所以，无论男性还是女性，外貌都是预测一个人在相亲网站上被多少人打招呼或被回复多少次的最重要的指标。

我们不妨在这个发现上贴一个写着"啊，不然呢"的标签，同时也贴上另一个标签，上面写着："看吧，我就知道，当人们表面上告诉我外貌不重要时，他们私底下都以貌取人，非常肤浅，所以他们纯粹是瞎说。"

如果男性身材高大

同一团队的研究人员除了研究外貌对一个人吸引力的影响程度，还研究了身高的影响。[13]（网站上的每个用户都填报了自己的身高。）

结果显而易见。身高在男性吸引女性方面发挥着重要作用。在相亲网站上，最受欢迎的男性身高普遍在 1.91~1.93 米。他们在相亲网站上收到的私信数量比身高在 1.7~1.73 米的男性多 65%（见图 1–4）。

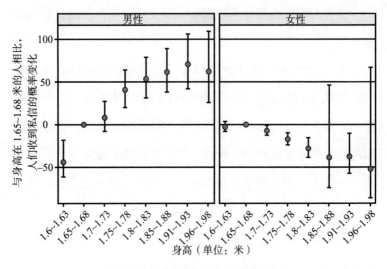

图 1-4 身高对约会成功率的影响

研究人员还研究了收入对一个人吸引力的影响程度，这部分我很快就会讲到。该项研究对相亲市场上人们的收入和身高进行了一个非常有趣的对比，甚至通过对比得出一个偏矮的男性需要挣多少钱才能弥补他在身高上的劣势。

研究人员发现，年薪 62 500 美元、身高 1.83 米的男性与年薪 237 500 美元、身高 1.68 米的男性对女性的吸引力相同。换句话说，在相亲市场，这十多厘米的身高差价值 175 000 美元。

女性身高对其吸引力的影响则截然相反，且远没有男性那么明显。一般来说，个子较高的女性在相亲网站上的受欢迎程度并不高。研究人员发现，1.91 米的女性收到的站内私信数量比 1.65 米的女性少 42%。

如果肤色也受追捧 [14]（即使人们从来不承认）

上文提到，一个人的外貌对其在相亲市场上的受欢迎程度有一定影响，这让人苦恼不堪。围绕这个话题，研究人员发现，相亲过程中的种族歧视非常明显。OkCupid 网站的共同创始人、数学家克里斯蒂安·鲁德尔在分析了 100 多万名网站用户的站内信息后，在他的《数据主义》一书中分享了分析结果。

下面展示了两张非常让人不适的表格：OkCupid 上不同种族的异性恋用户发送消息的被回复率。（见表 1–1 和表 1–2）如果种族不同对相亲没有任何影响，那么表中的数据应该完全一样，也就是说，黑人女性和白人女性向白人男性发送站内消息时，二人得到回复的概率应该一样。但事实并非如此。黑人女性仅有 32% 的概率得到白人男性的回复；白人女性则有41% 的概率得到白人男性的回复。

总的来说，这项数据分析中最值得注意的是非裔美国女性在相亲市场上面临的困难。大家可以注意一下表 1–1 中的第二行。表中显示，不管什么种族的男性，其回复黑人女性的概率都比较低。

表 1–2 中的第二列体现了非裔美国女性如何面对男性如此

不公平的对待：她们变得不那么挑剔。不管对什么种族的男性，黑人女性回复的概率都是最高的。

表1–1 被回复率：女性首次向男性发送消息

	亚裔男性	黑人男性	拉丁裔男性	白人男性
亚裔女性	48%	55%	49%	41%
黑人女性	31%	37%	36%	32%
拉丁裔女性	51%	46%	48%	40%
白人女性	48%	51%	47%	41%

表1–2 被回复率：男性首次向女性发送消息

	亚裔女性	黑人女性	拉丁裔女性	白人女性
亚裔男性	22%	34%	22%	21%
黑人男性	17%	28%	19%	21%
拉丁裔男性	20%	31%	24%	22%
白人男性	29%	38%	30%	29%

　　黑人女性与白人女性的相亲体验截然不同。白人男性的站内私信被回复率最高，这一点通过对比表1–2中的最后一行和其他三行就可以看出。因此，白人男性会变得更加挑剔，他们对女性发送的消息的回复率基本最低，这一点通过对比表1–1中的最后一列和其他三列就可以看出。

　　就男性而言，被回复率最低的种族基本上是黑人和亚裔。

鲁德尔的图表清晰明了，展示了不同种族的男性和女性两两组合后彼此的被回复率，但是研究中并没有考虑其他影响被回复率的因素。在相亲市场上，一个种族比其他种族表现好或不好一般与该种族人群的平均收入水平有关。

希奇、霍尔塔奇苏和艾瑞里三人试图校正这些因素的影响。但他们发现，当把这些因素都考虑进来时，针对亚裔男性的偏见变得更加严重。在美国，亚裔男性的收入在平均水平之上，这对女性来说应该非常具有吸引力，但是他们发出的消息的被回复率之低令人咋舌。研究人员通过测算得出，亚裔男性的年收入需要比白人男性的年收入多出 247 000 美元，其对白人女性的吸引力才能像白人男性一样。

如果他收入可观

让我们把目光转回"啊，不然呢"这边：收入影响一个人在相亲市场上的表现，且对男性的影响最大。

希奇、霍尔塔奇苏和艾瑞里发现，在其他条件都相同的情况下，如果男性的收入区间从 35 000~50 000 美元提升至 150 000~200 000 美元，其被女性回复的概率会提升 8.9%。如果女性的收入提高至同样的水平，其被男性回复的概率仅会提升 3.9%。

众所周知，收入可观的男性对女异性恋者的吸引力非常大。

正如简·奥斯汀的《傲慢与偏见》一书开篇所言："有钱的单身汉总要娶位太太，这是一条举世公认的真理。"或者让我们听听裸体淑女乐团（当然，成员都是男性）的想法：如果手握100万美元，他们将有能力买下爱情。

金钱对爱情的影响以及男性会更努力地挣钱，都是老生常谈的话题。[15]不过，当我知道收入对相亲的影响并没有那么明显时，我其实非常惊讶。

接下来，我将会讨论排除收入因素后，男性的职业对他在相亲市场上表现的影响。比如，当其他条件都一样时，男消防员会比男服务员更有可能成功约会。

相较而言，男性把自己的职业改为一种少见且吸睛的职业，比单纯提高收入更能吸引女性。比如，在线相亲网站的数据表明，一个在酒店工作的、年收入为60 000美元的男性，如果收入保持不变、职业转变为消防员，会比职业不变、年收入提高至200 000美元更能吸引女性。换句话说，收入为60 000美元的消防员比收入为200 000美元的酒店行业从业者更能吸引女异性恋者。

很多男性相信只有获得非常可观的收入才能"买"到女性的爱。但是数据表明，一个很酷的职业比虽然挣得多但枯燥的职业更能吸引女性。

如果他救人于水火

职业对男性的相亲影响很大。[16]

希奇、霍尔塔奇苏和艾瑞里调查了在线相亲网站用户的职业信息。对女性来说，在考虑外貌因素之后，女性的职业并不会对她们收到的站内私信数量产生影响。

但是对男性来说，这就另当别论了。几个特定职业的男性会收到更多的站内私信。同时，在研究人员把收入等其他因素都考虑进来后，这个结论依然成立。

男律师、男警察、男消防员、男兵、男医生会比与他们收入相近、教育背景相仿、外貌不相上下、身高水平相同的男性收到更多的站内私信。平均来看，男律师对女性的吸引力比男会计更大。①

表1-3列举了一些男性职业，并且按照对女异性恋者的吸引力从高到低进行排列。

---

① 《宋飞正传》的"粉丝"此时或许会想到剧中的乔治·科斯坦萨。据科斯坦萨在剧中最好的朋友杰·宋飞描述，科斯坦萨是"当时最会故弄玄虚、弄虚作假、招摇撞骗的人之一"，工作也不稳定，还经常虚报自己的职业，试图搭讪女性。他声称自己是海洋生物学家（想必属于科学或研究领域的工作），还是一名建筑师（想必属于艺术方面的工作）。但是数据科学发现，对女性来说，这两种职业并不是最受欢迎的职业。如果科斯坦萨想利用数据对约会对象撒谎，他应该说他是一名律师。

表1-3 职业对男性在相亲市场上表现的影响情况（当收入保持不变时）

男性职业	与学生相比，不同职业的人收到的女性私信数量的百分比变化
法律工作者、律师	8.6%
执法人员、消防员	7.7%
军人	6.7%
健康专家	5%
行政人员、文员、秘书	4.9%
娱乐、广播、电影行业从业人员	4.2%
公司主管、经理	4.0%
制造业从业人员	3.7%
金融业从业人员、会计	2.4%
个体经营者	2.2%
政治家、政府官员	1.7%
美术家、音乐家、作家	1.7%
销售人员、市场营销人员	1.4%
技术人员、科研人员、工程师、研究员、电脑工程师	1.2%
运输业从业人员	1.0%
教师、大学教授等教育工作者	1.0%
学生	0%
工人、建筑工人	−0.3%
服务员、招待员	−0.3%

如果名字朗朗上口

几年前，研究人员用不同的名字随机给在线相亲用户发送消息，且并未附上照片或其他任何信息。他们发现，有一些名

字被回复或被浏览的概率是其他名字的两倍。这些好听的名字
（即最容易得到回复的名字）包括下面这些。[17]

- Alexander（亚历山大） • Jacob（雅各布）
- Charlotte（夏洛特） • Marie（玛丽）
- Emma（埃玛） • Max（马克斯）
- Hannah（汉娜） • Peter（彼得）

那些最不好听的名字（即最不容易得到回复的名字）包括
下面这些。

- Celina（塞莉纳） • Justin（贾斯廷）
- Chantal（尚塔尔） • Kevin（凯文）
- Dennis（丹尼斯） • Mandy（曼迪）
- Jacqueline（杰奎琳） • Marvin（马文）

如果他喜欢他自己

我们寻找的伴侣与我们自己是不是一类人？

计算机科学家和数据科学家埃玛·皮尔逊研究了
eHarmony 网站上的 100 万对情侣，并在数据分析网站 538 上
分享了自己的研究结果。她评估了 eHarmony 网站上情侣的

102 种特征，并对其中的数据进行了批量处理，研究人们是否更倾向于和与自己相似的人成为情侣。皮尔逊发现，下面这个结论无可争议：相似比差异更具吸引力。[18]

女异性恋者特别容易被与之相似的男性吸引。皮尔逊发现，男女在 102 种特征上的相似程度与女性联系男性的概率呈正相关。这 102 种特征可以分为核心特征和其他特征。核心特征包括年龄、教育背景和收入。其他特征包括一些比较奇怪的特征，比如个人简介里使用的形容词或照片的数量。将自己形容为"富有创造力"的女性更可能去联系同样如此形容自己的男性。男异性恋者也对与自己相似的女性表现出了更多的偏好，虽然这种偏好并不是特别明显。①

就像皮尔逊在 538 网站上发表文章的标题一样——《到头来，人们可能只想与自己约会》。

皮尔逊的发现——相似会带来爱情，在另一项研究中得到了证实。这项研究使用的是 Hinge 网站上的数据。研究人员给其研究起了一个响亮的名字："磁极相吸"。该研究有一个全新且神奇的发现：在线相亲时，用户会被一个因素吸引——姓名首字母。Hinge 上的用户和姓名首字母与自己相同的人约会的概率要比与其他人约会的概率高 11.3%。[19] 比如亚当·科恩和

---

① 对于皮尔逊研究的 102 种特征中 80% 的特征，相比于男性，女性都更喜欢与自己相似的人。

阿里尔·科恩约会更加频繁，这并不是因为二人都信仰基督教，而是因为他们的姓名首字母相同。不过姓名首字母相同、约会更加频繁的人很可能有同样的信仰。[①]

数据告诉我们，异类相吸或许是个伪命题。同类才会双向奔赴。

代表感情幸福的特征是什么

在线相亲网站上的数据令人惊讶（有时也会让人感到困扰）。数据告诉我们，单身人士可能会被他人的哪些特征吸引，但是他们应该被那些特征吸引吗？

如果你是一个普通的单身人士，可预见地点击着那些科学家预测的富有魅力的人的资料，你会"正确地"去约会吗，或者干脆"错误地"去约会？[②]

---

① 《宋飞正传》的"粉丝"此时或许会想到杰里·宋飞。在第 7 季第 24 集中，宋飞与珍妮·斯坦曼女士进行了约会。这位女士不仅仅姓名首字母与宋飞相同，还与宋飞十分相似。他们都对穿衣搭配有非常鲜明的个人看法；都在餐厅点麦片；当陌生人遭遇倒霉事时，他们都会说"太遗憾了"。
宋飞喜欢上了珍妮，并向她求婚。但宋飞很快就取消了婚约。他说："我不能与一个和我一样的人在一起，我讨厌我自己。"
数据告诉我们，每个人都是杰里·宋飞，在寻找自己的珍妮·斯坦曼，然后我们会发现，当找到那个人时，我们或许并不开心。
② 除了鲁德尔的《数据主义》，我还想向所有想要寻找一本全面的、基于科学的恋爱指南的读者推荐洛根·尤里的《如何避免孤独终老》。

在本章开头，我引用了萨曼莎·乔尔及其团队的研究，介绍了他们整理的史上规模最大的夫妻数据库，数据库中包括这些夫妻的各种特征。之前我们提到过，他们的研究发现，仅根据大量特征，很难预测夫妻二人是否会幸福。没有哪个特征能保证他们一定会幸福，也没有哪个特征能阻碍他们获得幸福。这个世界上不存在一种能够精准预测两人感情是否会幸福的算法。

但不论如何，一些特征确实能够用于判断一段感情是否会幸福，一些因素能在一定程度上提升感情幸福程度。接下来，我将会讨论代表感情幸福的特征到底是什么，以及人们希望伴侣拥有的品质与感情幸福的关联到底有多小。

"问题不在你，在我"：数据科学如是说

假设约翰最近正在与萨莉约会，而你想预测一下约翰是否会幸福，你可以问约翰和萨莉三个有关他们二人自身的问题。

你会问什么？关于这对情侣，你想知道什么？

根据我对乔尔团队研究的解读，要想知道约翰是否会幸福，有三个问题可以帮助我们预测，这三个问题与萨莉没有任何关系，只与约翰有关，包括下面这些。

- "约翰，在遇见萨莉前，你是否对自己的生活感到满意？"
- "约翰，在遇见萨莉前，你并没有感到沮丧失落？"
- "约翰，在遇见萨莉前，你的心态是否十分积极？"

研究人员发现，对上面这三个问题回答"是"的人，在亲密关系中会更加幸福。换句话说，一个人如果单身时就十分幸福，那么在他建立亲密关系后，他也会十分幸福。

接下来的结论让人吃惊：对有关自己的问题的回答比伴侣的所有特征加在一起，更能反映这个人在亲密关系中是否幸福，前者的预测准确度是后者的 4 倍。[①]

当然，一个人在亲密关系之外的幸福程度对其在亲密关系中的幸福程度有很大的影响，这也不是什么颠覆性的观点。想

---

① 《宋飞正传》的"粉丝"可能又会想到乔治·科斯坦萨。科斯坦萨以标志性的分手宣言而闻名："问题不在你，在我。"科斯坦萨在亲密关系中非常在意这一点。他的某个前女友和他分手时说了同样的话，导致他当场失控。（不过最终科斯坦萨让这个前女友承认分手是科斯坦萨的原因，前女友当时的回复是："好吧，确实是你的问题。"）
这里我想说的是，数据科学验证了科斯坦萨所言的真实性，他可以更加坚定地表达自己的观点："根据机器学习模型，我的精神状态能够预测我在一段感情中是否幸福。其预测准确度是你身上所有特征的预测准确度的 4 倍。你知道的，科学家发现，如果一个人对自己的生活不满意、经常失落、一直有负面情绪，那么他在任何一段亲密关系中都无法感到幸福。而这些，我恰恰都有。在形成更加积极向上的生活态度之前，无论与我相处的对象是谁，我都很难在一段亲密关系中感到幸福。所以，问题不在你，在我。"

想我们在每日正能量语录中经常会见到的一句话："如果你不能让自己开心，也就没有人能让你开心。"

这种语录通常会让像我这种愤世嫉俗的数据极客翻个大白眼。但是，在阅读了乔尔团队的研究后，我开始相信这种语录在很大程度上是正确的。

这就引出了本书讨论的一个重点——如何根据数据进行生活。对我这样的数据极客来说，当我们发现一项研究结果与传统认知或约定俗成的想法完全相反时，我们会特别兴奋，这正好迎合了我们天生就想探索未知的需求。但是，我们也会接受那些被数据证实的传统认知或约定俗成的想法。我们心甘情愿地走上数据指明的道路，哪怕道路两旁充斥着每日正能量语录。

所以，就像乔尔等人组成的共包含86人的科学家团队和每日正能量语录作者所发现的那样，一个人在亲密关系之外的幸福程度，能准确预测这个人在亲密关系中的幸福程度。但除了这种已经形成的心理状态外，还有什么能够反映一个人在感情中的幸福程度呢？伴侣的哪些特征能让人在一段感情中感到幸福呢？让我们先从最难预测一个人幸福与否的特征说起。

外貌被高估了

通过机器学习模型，研究人员发现，在 11 000 多对感情长久的夫妻中，以下列举的特征最难预测一段感情是否幸福，我们姑且称它们为"毫不相干的 8 个特征"[20]。研究发现，无论伴侣身上的下列特征是什么，人们都能在感情中获得幸福。

- 种族或民族。
- 宗教信仰。
- 身高。
- 职业。
- 外貌。
- 之前的婚姻状态。
- 性生活喜好。
- 与自己的相似程度。

我们怎么理解这"毫不相干的 8 个特征"呢？这和本章讨论的另一个通过数据得出的特征清单有重合，我很快被这个发现震惊了。

根据在线相亲网站上的大数据，我们之前讨论过哪些特征能够让人成为相亲市场中的香饽饽。乔尔团队的分析结果是，这些特征——从在线相亲网站中获得的、在相亲市场上最被大家看重的特征，几乎与无法预示长期亲密关系是否幸福的特征完全重合。

我们以美貌为例。想必你还没有忘记，美貌是相亲市场上最重要的特征之一。希奇、霍尔塔奇苏和艾瑞里在研究某网站的上万名在线相亲人士时发现，一些人能够收到私信或其发出的消息能够得到回复，大多是因为其拥有美貌。但乔尔团队在研究了11 000多对感情长久的夫妻后发现，外貌并不能预示感情是否幸福。同样，身高、职业、种族以及与自己的相似程度等特征，在相亲市场上非常受重视（本章前半部分已陈述过原因）。但是，在对上万对感情长久的夫妻进行研究后，研究人员发现，没有证据表明伴侣拥有上述传统观念中的优秀特征会使其感情更幸福。

如果一定要我总结的话，我认为，此次研究可谓关系科学领域最重要的研究。得益于大数据，我们才能得到一些重要发现，并将其总结为"爱的第一定律"：在相亲市场上，人们竞相追求的相亲对象不一定能让人感情幸福。

此外，如果必须给那些大家疯狂追求但不能为感情生活带来稳定和幸福的特征命名，我愿称它们为"闪亮特征"。它们会吸引眼球，比如，人人都会被美貌吸引。但数据显示，这些引人注目的闪亮特征并不能给我们的感情生活带来稳定和幸福。

数据还显示，单身人士可能会被这些闪亮特征蒙蔽双眼。

爱情中的尤基利斯

在深入了解了所有关系科学领域的相关研究后，我突然发现，现在的相亲市场与20世纪90年代的棒球市场有惊人的相似之处。

我在前言部分曾向大家介绍过，本书的创作来源是电影《点球成金》带来的棒球革命。以奥克兰运动家队为代表的几支球队意识到，数据分析的出现与应用使原来的棒球市场变得完全不能满足球队的需要。球员在公开市场上的成本（即球员薪水）和球员为球队创造的价值（即球员能为球队带来多少场胜利）之间存在脱节。

球队挑选哪位球员、支付多少薪水，并不是基于球员给球队带来的预期价值，而是基于其他因素。棒球市场往往会因为球员的闪亮特征（比如好看的长相）而高估他们的价值，以及低估那些一眼看过去毫无球星相的球员的价值。

其中一个被低估的球员是凯文·尤基利斯。尤基利斯被描述为"一个肥胖的不能跑、投或防守的三垒手"。他的大学教练说："（尤基利斯）身体宽厚结实，但穿上球衣看起来胖乎乎的，不像是练体育的；他个子不高，天赋一般，看起来好像没有什么前途。"[21] 尽管尤基利斯在大学联赛中的比赛成绩和其他各种数据极其优异，但是作为棒球运动员，奇怪的身形导致他参加了 8 轮选秀。

数据分析人士知道，尽管尤基利斯看起来不像一名伟大的职业棒球运动员，但他拥有所有成为一名伟大球员真正需要的特征。在数据分析的协助下，波士顿红袜队在第 8 轮选秀中选走了尤基利斯，这让奥克兰运动家队的总经理比利·比恩非常沮丧。比恩非常欣赏尤基利斯，但他低估了尤基利斯的选秀顺位。这个身材矮小浑圆的新秀最终三次入选全明星队，并两次带领球队获得美国职业棒球大联盟世界大赛冠军。

在 20 世纪 90 年代，数据驱动型球队成功地将注意力转向尤基利斯这类球员，他们身上都缺少闪亮特征，而不了解数据的球队恰恰更重视这些闪亮特征。正如迈克尔·刘易斯所说："当人类的大脑完全依赖看到的东西时，它会自我欺骗。但是，对那些透过假象看到真相的人来说，大脑的每一次自我欺骗都是一次商机。"

同样，数据显示，相亲市场的效率显著低下，也是因为大脑在欺骗单身人士。潜在约会对象的相亲成本（可以理解为与他们约会的困难程度）和潜在约会对象的相亲价值（可以理解为他们给你带来一段稳定幸福的感情的概率）之间存在脱节。

那么，你能以球队总经理比利·比恩那样的心态来相亲吗？你能把注意力集中在相亲市场上那些被忽略但同样可能成为优秀伴侣的人身上吗？

数据表明，下面这几组人，即便同样有能力让伴侣过得幸福快乐，在相亲市场上也不如其他人有竞争力。

在相亲市场上被严重低估的群体

- 身材矮小的男性。
- 身材极高的女性。
- 亚裔男性。
- 非裔美国女性。
- 男性在校生或在不太吸引人的领域（如教育、服务、科学、建筑或交通）工作的男性。
- 其貌不扬的男性和女性。

与以上列举的几个群体中的人相亲或约会，你所面临的竞争会小很多，你更有可能找到一个被别人忽视的好伴侣。你极有可能找到爱情中的尤基利斯！

当然，这虽然有理有据，但让人别太在意闪亮特征似乎很难，比如外貌，其在相亲市场上就被过分追捧了。我们需要闪亮特征，因为从定义上看，它就是能引起我们注意的特征。用亚当·杜里兹的话来说，我们都追求美。有没有什么科学依据能让我们在寻找爱情时不再被闪亮特征蒙蔽双眼？

得克萨斯大学的研究人员基于数据，在相关领域发现了一个非常重要的结论，引人深思。在一门课程刚开始时，教授要求所有异性恋学生给每个异性同学的吸引力打分。[22]毫无疑问，大家达成了大量共识。最有吸引力的人选基本一样，这些人显然都具有传统意义上的美貌。你可以想象一下布拉德·皮特或娜塔莉·波特曼，或者外貌最像他们的人。

当课程结束时，教授再次要求学生给每个异性同学的吸引力打分。此时，情况变得有趣起来。学生们在打分方面有了较多分歧，不少课前被忽略的人被评为最有吸引力的人。

课程期间发生了什么，从而让这么多人改变评价？其实就是同学间一段时间的相处。

如果一名男同学眼神犀利、下巴轮廓分明，那么他在课程刚开始时会显得很有吸引力；但对于和他话不投机的人，他的吸引力在课后就降低了。如果一名女同学长着鹰钩鼻、低颧骨，那么她在课程刚开始时也没有什么吸引力；但对于和她相谈甚欢的人，她在课后就显得比其他人更有吸引力。

这项研究结果对我们如何相亲或约会产生了深远影响。回想一下，我们之前倾向的相亲或约会对象，外形上都具有一定的优势，或有其他闪亮特征，即便他们并不一定是最合适的伴侣，他们也非常抢手，就像那些给人初印象很好的同班同学一样。当遇到缺乏闪亮特征的人时，我们往往不会被其吸引，更不会抛出橄榄枝。

研究表明，我们可能会推翻自己对别人的初印象。研究发现，如果我们喜欢一个人，外形上的吸引力可以随着时间的推移而增加。（如果我们不喜欢一个人，外形上的吸引力可以随着时间的推移而消失。）研究数据建议我们选择与被低估的人（即那些没有闪亮特征的人）约会。我们即使最初并不觉得某个人有魅力，也可以耐心点儿，让他潜在的闪光点不断地显现出来。

对于那些不能预示感情幸福的特征，比如美貌，我就讲到这儿了。而那些能预示感情幸福的特征是什么呢？

最可能让人幸福的伴侣人选

乔尔团队发现，伴侣的一些特征确实能够在一定程度上预示感情幸福与否。他们的研究表明，以下几个特征最能判断对方是否为好的伴侣。

- 对生活的满意度。
- 安全型依恋。（如果你不知道这几个词的意思，不要着急，下面就有解释。）

- 尽责性。

- 成长型心态。

我们应该如何理解上述特征？

第一个结论是，为了增加你感情幸福的概率，你或许应该……阅读晦涩难懂的心理学期刊，了解心理学术语的意思。最能够预测你和你的伴侣是否会幸福的因素是你们在各种心理学小测试中的得分。这意味着，下次当你的女朋友建议你关掉棒球比赛，和她一起在沙发上做一些刚在网上发现的心理测试时，你应该积极配合，而不是大发雷霆，不管你多么讨厌这些愚蠢的心理测试，只想一个人静静地看场比赛，那时你可能觉得单身或许才是最好的选择。通过这些心理测试，你就能发现她是否具备一个优秀的长期伴侣所需的特征。你还可以自己主动参与这些测试。

这些小测试告诉了我们什么呢？

"对生活的满意度"这一条不需要过多解释。那些对生活感到满意的人往往能更好地经营长期亲密关系。注意：接下来你将看到一个套用滚石乐队主唱米克·贾格尔生活的尴尬段子。当贾格尔在舞台上唱"我得不到满足"时，他的声音、节奏和表演极具魅力、非常性感，但歌词对他让女性感到稳定和幸福的能力发出了警告。

关于依恋类型，你可以在阿米尔·莱文和雷切尔·海勒的优秀著作《读懂恋人心》中找到解释。具有安全型依恋（理想伴侣的特征之一）的人愿意信任别人，也值得别人信赖；他们乐于表达自己的兴趣和感情，并且更容易与他人亲密相处。你可以在这个网址中测试依恋类型：https://www.attachmentproject.com/attachment-style-quiz/。

尽责性是人格五因素模型中的一个因素。人格五因素模型由欧内斯特·图普斯和雷蒙德·克里斯特尔在1961年首次提出。拥有尽责性的伴侣遵守纪律、效率高、有能力、有条理、靠得住，而且根据乔尔团队的研究，他们也是更好的长期伴侣。你可以在这个网址中测试尽责性：https://www.truity.com/test/how-conscientious-are-you。

成长型心态是由心理学家卡罗尔·德韦克提出的一种人格特征。拥有成长型心态的人相信努力工作和坚持不懈可以让自己的智力和能力不断增长。有志者事竟成，这类人会通过自身努力，最终成长为更好的伴侣。你可以在这里测试成长型心态：https://www.idrlabs.com/growth-mindset-fixed-mindset/test.php。

最能准确预示感情幸福的特征让人震惊，这深深地影响了我们对相亲市场的看法。回想一下在线相亲网站中的约会者表现出来的肤浅以及由此产生的令人沮丧的数据。真的，人们非常、特别想要性感的伴侣，即使相亲市场上的选择不多。

从真实亲密关系的数据来看，那些最终与性感的伴侣修成正果的人当然有可能会更加快乐。也许他们真的从狂野的性爱中不断地体会着快乐，也许他们在派对上因为伴侣的性感而使虚荣心得到满足。但来自上万对夫妻的数据显示，事实并非如此。如果一个人在一段关系中更加幸福快乐，那么他一定选择了具有良好性格的伴侣。

你可以从一万多对夫妻成功或失败的关系中吸取教训。在寻找伴侣的时候，不要根据肤色、脸是否对称、身高、职业或者姓名首字母是否和你相同来寻找。数据告诉我们，从长远来看，最重要的其实是一个人的性格。

人与人之间看似随机且不可预测的联系

为什么有的夫妻会随着时间的推移而变得更加幸福？为什么有的夫妻刚开始感情很好，但随着时间的推移感情破裂？

萨曼莎·乔尔的团队也在研究这些问题。他们对数据集里的许多夫妻进行了多次调查，有时调查相隔几年。其中一些人虽然起初并不幸福，但之后越来越幸福。还有一部分人的情况恰恰相反。随着时间的推移，那些关系变得更加亲密的夫妻有什么共同之处？那些关系逐渐疏离的夫妻呢？

乔尔团队利用机器学习处理来自上万对夫妻的大量数据，试图预测感情中幸福的变化趋势，这也是其开创性研究的一部分。请注意，这与我们讨论的上一个研究项目有所不同。在上一个研究项目中，研究人员试图预测的是，处于亲密关系中的人们在特定的时间点是否幸福。

那么，关于亲密关系的长期发展轨迹，庞大的数据集和机器学习可以告诉我们什么呢？一对夫妻的基本信息、价值观、心理特征和个人爱好是否会告诉我们，他们的关系随着时间的推移而变得更好或更坏？

一无所获。

乔尔团队的模型几乎无法预测感情中幸福的变化趋势。幸福的夫妻在未来更有可能感到幸福，不幸福的夫妻在未来更有可能不幸福。但这两组人身上没有什么特征可以用于优化人们对未来是否幸福的预测。

我认为，预测的失败对人们就感情所做的决定产生了非常大的影响。

当然，在亲密关系中，很多人根据幸福的变化趋势来做决定。有多少次，你的朋友坚持维系一段不幸福的关系，因为他们认为，理论上说，自己应该获得幸福，或最终会获得幸福？
"当然，我现在很痛苦，"朋友可能会说，"但我们理应会幸福，必须变得更幸福。"

研究结果表明，人们对幸福的期望值会因自己和伴侣的不同特征而有所改变，这在很大程度上就是错误的想法。在一段不幸福的关系中不断挣扎的人认为，他们之所以坚持，就是因为他们相信双方拥有很多共同特征，而这最终一定会让他们变得幸福。这种想法大错特错。

数据表明，现在是否幸福就是预测未来是否幸福的最好方法。你的伴侣现在不能让你快乐，而你因为双方的共同特征而坚持认为你们会有幸福的未来，这种想法大错特错。

让我们总结一下，在大数据背景下如何选择伴侣。当你单身时，你应该把寻找范围更多地集中在那些缺乏高度竞争力的人身上，集中在那些有强大心理素质的人身上。一旦坠入爱河，你就只需要关注你们当下是否幸福，不要让双方的相同点或差异干扰你们对感情的担忧或信心。不要自以为是，不要随意预测目前良好的关系会变得糟糕，或者糟糕的关系会变得亲密。如今最杰出的科学家使用有史以来最全面的数据集，也无法预测亲密关系的变化。你，当然也不能。

下一章

如果你已经找到了伴侣，你之后可能会有孩子。如果你有了孩子，那么你肯定迫切地想知道，如何才能成为更好的父母。基于庞大的数据集，特别是基于数亿美国人的纳税记录，本书对如何成为好父母提出了一些全新的重要见解。

第二章

数据化育儿：成为伟大父母的秘诀

　　总体来说，养育子女是一个挑战。最近的一项研究计算得出，在孩子出生后的第一年，父母将面临 1 750 个艰难的决定，包括给孩子起什么名字，是否采用母乳喂养，如何让孩子进行睡眠训练，找哪家医院的儿科医生，以及是否在社交网络上晒一晒孩子的照片。[1]

　　而这还只是第一年！之后，养育孩子会变得更加艰难。事实上，多数父母把孩子 8 岁那一年列为最难抚养的一年。[2]

　　父母如何面对这上千个艰难的决定呢？当然，有关子女养育的任何问题，父母总可以在网上找到所谓的答案或建议，但建议往往被分为"众所周知的建议"和"争议不断的建议"。

　　什么是众所周知的建议？比如 KidsHealth.org 这个网站要求父母"成为好的榜样"和"表明你的爱是无条件的"。什么是争议不断的建议？比如，《纽约时报》上最近发表了一篇文章，建议父母们"尝试暂停策略"来管教孩子。[3] 2016 年，美国公共广播公司的《新闻一小时》在网上发表了一篇专栏文章，名为《为什么教育孩子绝不能使用暂停策略》。[4]

一位名叫阿瓦·奈尔的母亲，在阅读了大量育儿书籍，特别是关于婴儿睡眠和发育的书籍后感到十分沮丧，她咆哮道：

> 紧紧地抱住宝宝，但不要太紧。让他们仰面睡觉，但不要仰面太久，否则宝宝会发育迟缓。给宝宝一个奶嘴以防婴儿猝死综合征，但家长会耗费更多精力在看护上，因为宝宝长时间咬奶嘴睡得不香。如果宝宝睡得太香，他们可能会死于婴儿猝死综合征。[5]

如果我说我能理解她，那我就是在撒谎。（我还没有为人父母，但我有个侄子。我做的决定主要是问我妈我应该给这个小家伙买什么礼物，她告诉我"给他买一辆玩具卡车"。我给他买了之后，我的侄子在接下来的 4 年时间里非常感激我。）

但不管怎样，我仔细研究了关于育儿的文献，想要了解什么样的数据可以帮助以阿瓦为代表的父母。他们能从中学到既不是众所周知又不是争议不断的内容吗？科学能为父母必须做出的那 1 000 多个艰难的决定提供建议吗？

对于在育儿第一年中父母需要做出的 1 750 个决定以及之

后面临的诸多问题，目前科学尚不能对每一个问题给出可信的答案。尽管如此，仍有两条经过科学验证但大家知之甚少的重要育儿经验。

- 第一条：父母所做的大多数决定，其总体效果大多比预期的要差；这意味着，父母对必须要做的大多数决定过于焦虑。
- 第二条：在众多决定中，关键的决定只有一个，然而很多父母都在这个决定上做出了错误的选择。如果他们在这个问题上做出了一个很棒的数据驱动的决定，他们养育子女的水平就会远远高于平均水平。

我们将一一探讨并论证这些经验与教训。

父母对孩子的整体影响

让我们从一个与养育子女有关的最基本的问题开始：父母有多重要？与普通父母相比，"伟大的"父母能在多大程度上改善孩子的生活？你可以想象三个不同的世界。[6]

世界一（伟大的父母可以把一名潜在的空乘人员培养成牙科医生）

在这个世界里，伟大的父母抚养的孩子原本会有一份中等收入的工作，年收入约为 5.9 万美元（比如水管工或空乘人员）；但在父母的抚养下，孩子可以成为收入略高于平均水平的人，年收入约为 7.5 万美元（比如注册护士或牙科医生）。

世界二（伟大的父母可以把一名潜在的空乘人员培养成工程师）

在这个世界里，伟大的父母抚养的孩子原本会有一份中等收入的工作，年收入约为 5.9 万美元（比如水管工或空乘人员）；但在父母的抚养下，孩子将进入中上阶层，年收入约为 10 万美元（比如工程师或法官）。

世界三（伟大的父母可以把一名潜在的空乘人员培养成脑外科医生）

在这个世界里，伟大的父母抚养的孩子原本会有一份中等收入的工作，年收入约为 5.9 万美元（比如水管工或空乘人员）；但在父母的抚养下，孩子可以变得富有，年收入约为 20 万美元（比如脑外科医生或精神科医生）。

许多人认为我们生活在世界二或世界三里——教导有方的父母可以帮助几乎每一个孩子实现阶层跨越。

毫无疑问，某些父母抚养的孩子超过了预期水平，比如本杰明·伊曼纽尔和玛莎·伊曼纽尔，还有他们的三个儿子——阿里、伊齐基尔和拉姆。

- 阿里是好莱坞王牌经纪人，HBO（有线电视网络媒体公司）电视剧《明星伙伴》中阿里·戈尔德的原型。
- 伊齐基尔曾任宾夕法尼亚大学的副教务长。
- 拉姆曾任奥巴马执政时期的白宫幕僚长和芝加哥市长。

换句话说，本杰明和玛莎培养的三个儿子分别达到了商界、学界和政界的最高阶层。

我知道我的一些犹太读者在了解了本杰明·伊曼纽尔和玛莎·伊曼纽尔三个儿子的现状后在想些什么："是的，他们发展得都很好。但是他们家出过医生吗？"

有一个古老的犹太笑话（本书中众多犹太笑话之一）是这样讲的："一个犹太人当选了总统。在就职典礼上，他的母亲坐在所有政要中间。正当总统准备宣誓就职时，他的母亲大声告诉周围人：'看到台上那个宣誓就职的家伙了吗？他的哥哥是一名医生。'"

不用担心。伊齐基尔在学术生涯之外，还是一名肿瘤学家。

正如伊齐基尔在他的《伊曼纽尔兄弟》一书中提到的那样，伊曼纽尔兄弟的成功可以为其他父母在养育子女方面提供经验教训。[①]

在《伊曼纽尔兄弟》一书中，我们了解到，每个星期天，大多数家庭都会看芝加哥熊队的美国职业橄榄球大联盟（NFL）比赛，而伊曼纽尔一家会进行文化旅行，比如去芝加哥艺术学院博物馆或听一场音乐剧。当兄弟三人想学空手道或柔术时，他们的母亲坚持让他们上芭蕾舞课。兄弟三人都受到了其他孩子的嘲笑，不过如今他们一致认为，这段经历有助于他们形成自律、鲜明的性格，让他们培养无所畏惧的信心和勇气。

从伊曼纽尔一家人身上，我们似乎可以得到一条经验：鼓励你的孩子成为有教养的人，让他们变得与众不同；让家里的男孩穿上紧身衣，即使其他男孩会嘲笑他。

但实际上，无论哪个家庭里的孩子取得了高成就，这都不能证明其教育策略的有效性。我们很容易找到伊曼纽尔家的反例。[7]以戴尔·芬斯比[②]为例。芬斯比最近在 Quora 上回复了一位母亲的问题。这位母亲想咨询一下，是否应该让她儿子报名

---

① 问：在一个家庭里所有的孩子都功成名就后，这个家庭会做什么？答：出一本畅销书，解释其中的原因，然后获得更多的荣誉和财富。

② 为保护用户隐私，用户名字已采用化名，因为他在发布回答后似乎又删除了。

学习芭蕾舞。芬斯比回答说，尽管他小时候讨厌艺术活动，但他母亲仍然让他参加了许多相关活动，而自己因此被人霸凌。这段经历使他在小时候没有自己的观点或身份，让他感到十分自卑，无法自如地表达自己，从而对母亲心怀怨恨。

在了解父母如何影响孩子的过程中，我们面临的一个挑战是不能以偏概全。我们应该学习伊曼纽尔一家的经验还是芬斯比的教训呢？

我们面临的另一个挑战是要明白，相关性并不等于因果关系。

在 20 世纪的大部分时间中，学者在相当规模的数据集里寻找育儿策略和孩子成就之间的相关性。他们有很多发现。朱迪斯·哈里斯在《教养的迷思》一书中总结了这些相关性。例如，如果父母经常给孩子读书，那么孩子的学业成就往往更高。

但这些相关性中有多少是因果关系？其中存在一个主要的混淆因素：遗传。父母不只是带孩子参观博物馆、上芭蕾舞课或给孩子读书，他们也会给孩子提供 DNA（脱氧核糖核酸）。回到给孩子读书和孩子学业成就高之间的相关性上，只因父母给孩子读书，孩子的学习成绩就会变得优异吗？父母和孩子都被书和知识吸引，到底是因为先天基因还是因为后天培养？

许多证据都证明了基因对个人成就产生的影响。其中一个证据来自被分开抚养的同卵双胞胎。以同卵双胞胎吉姆·刘易斯和吉姆·斯普林格为例。[8] 兄弟俩有着完全相同的基因，但成长经历完全不同。他们从 4 周大开始就被分开抚养。他们在 39 岁团聚时发现，两人的身高都是 1.83 米，体重都是 81.6 千克；都有咬指甲的习惯；一紧张就头痛；小时候都养了一只名叫托伊的狗；在佛罗里达州的同一片海滩进行家庭旅行；在执法部门做过兼职；喜欢米勒牌淡啤酒和沙龙牌香烟。

但是兄弟二人之间有一点非常不同——他们给自己的第一个孩子起了不同的中间名。吉姆·刘易斯给他的长子取名为詹姆斯·艾伦，而吉姆·斯普林格给他的长子取名为詹姆斯·爱伦。

如果刘易斯和斯普林格从未团聚，他们或许会认为养父母在塑造他们的个人品位方面发挥了重要作用。但其实这些似乎在很大程度上都隐藏在他们的 DNA 中。

史蒂夫·乔布斯是被人收养的。27 岁的乔布斯第一次见到自己的亲妹妹莫娜·辛普森时，瞬间明白了什么是遗传。他对二人的相似程度震惊不已，包括他们都登上了创意领域的顶峰（辛普森是一位获奖的作家）。正如乔布斯告诉《纽约时报》的那样："我曾经以为孩子的成长重在后天培养，但我现在更倾向于认为孩子的成长重在天生了。"[9]

虽然伊曼纽尔兄弟的案例从表面上看似乎突出了后天培养的强大力量，但案例背后也有一个鲜为人知的故事，说明后天培养可能不是三兄弟取得成功的主要原因。本杰明·伊曼纽尔和玛莎·伊曼纽尔后来收养了一个孩子——肖莎娜。尽管肖莎娜和她的三个哥哥每天接受着相同的文化熏陶，但她没有伊曼纽尔家的基因，所以最后并没有取得同样的成就。①

有没有什么科学的方法能够确定父母对孩子的影响有多大？要想明确地知道答案，我们必须将孩子随机分配给不同的父母抚养，然后才能一探究竟。不过，已经有人做到了这一点。关于父母对孩子整体的影响，第一个令人信服的证据出自一部关于朝鲜战争的纪录片。

一对来自美国俄勒冈州的夫妇——哈里·霍尔特和伯莎·霍尔特，养育了 6 个孩子。[10]1954 年，这对夫妇看到了一部话题很陌生的纪录片：韩国的"美国大兵孩子"。这些孩子在战争中失去了父母，正在孤儿院长大，缺乏食物和爱。

一般看纪录片时我都会走神，然后努力地让女朋友相信我知道这部片子在讲些什么。但哈里和伯莎并不是这样的。在看完关于韩国孤儿的纪录片后，他们决定去韩国收养这些孩子。

霍尔特夫妇踌躇满志，计划收养这些孤儿，但他们面临着一个障碍：法律。当时，美国法律规定每个家庭最多能收养两名外籍儿童。

---

① 在下一章中，我们将更多地探讨基因和成功之间的关系，以及我们如何利用基因，并将其转化为优势。

不过，这个障碍很快就没有了。霍尔特夫妇尝试游说国会，以修改这项法律规定。国会议员对霍尔特夫妇的乐善不倦印象深刻，最终被说服了。于是霍尔特一家赶往韩国，在很短的时间内领养了8个孩子，并带回美国俄勒冈州抚养。霍尔特一家现在是16口之家了！

很快，广播电台、报纸、电视台等众多新闻媒体都竞相报道霍尔特夫妇的故事。

成千上万的美国人被他们的故事感动，并纷纷表示，他们也想像霍尔特一家一样，收养这些孤儿。

于是霍尔特国际儿童服务中心基金会成立了。该基金会旨在帮助美国人更容易地收养外籍儿童。多年来，随着基金会的发展，已经有超过3万名韩国儿童被美国人收养。想收养孩子的父母只需要在基金会注册，在获得基金会批准后，他们就能收养了。

这个故事和育儿科学有什么关系？达特茅斯学院的经济学家布鲁斯·萨塞尔多特在听闻这个霍尔特项目后，和许多其他美国人一样，也被霍尔特夫妇的故事感动，想做点儿什么。最后，他选择进行回归分析！

你看，霍尔特项目把孤儿分配给父母的过程本质上就是随机分配，这意味着科学家可以使用一种简单的方法来研究父母对孩子的影响。他们可以对分配给同一对父母的孩子们进行简单的比较。父母对孩子的影响越大，这些被同一对父母收养的孩子最终就会越相似。而且，有别于与基因相关的儿童研究，在这项研究中，我们不必担心基因的相关性。

萨塞尔多特对霍尔特项目进行研究后，得出了一个十分重要的结论：后天培养有着重要影响。[11] 我们之后会展开来讲。另一个同样关键的结论是，非营利组织的领导者和经济学家对霍尔特项目的理解明显不同。

霍尔特国际儿童服务中心基金会对外宣称，项目"给最黑暗的情况带来光明""帮助贫困家庭，照顾孤儿，并为孤儿寻找收养家庭"。

经济学家萨塞尔多特却像下面这样描述霍尔特国际儿童服务中心基金会。

> 被收养者被随机分配到不同家庭中，这保证了生母的教育方式与养母的教育方式不相关……因此，$\beta 1$ 不因遗漏（1）中第一项和第三项而产生偏差。

霍尔特国际儿童服务中心基金会相信他们"给最黑暗的情况带来光明"；萨塞尔多特却认为他们确保了"$\beta 1$ 不因遗漏（1）中第一项和第三项而产生偏差"。而我认为，这两种说法都正确。

不管怎样，没有偏差的 $\beta 1$ 告诉了我们什么？在大多数情况下，一个孩子所在的家庭最终对孩子产生的影响非常小。基本上，与被单独收养的孩子相比，被随机分配到同一个家庭长大的多个孩子之间只是稍微相似一点儿。

你还记得之前提到的三个想象中的世界吗？每个世界都代表了父母对孩子不同程度的影响。萨塞尔多特的研究表明，我们实际生活的世界为世界一，父母并没有对孩子产生巨大的影响。他还发现，孩子成长环境的指标每增加一个标准差，孩子成年后的年收入可能会增加约 26%；相比之下，社会经济方面的后来的影响甚微。此外，萨塞尔多特还发现，先天因素对孩子成年后收入产生的影响大约是后天培养影响的 2.5 倍。

萨塞尔多特的研究和其他研究一样，都证明了后天培养对孩子未来发展的影响很小。其他研究人员对被收养者做了进一步研究，巧妙地设计了一个利用双胞胎的研究方法，这个方法可以让他们区分出先天因素和后天培养对孩子的影响，我将在下一章中对这项研究进行解释。

最后，这类研究都指向了相同的结果，布莱恩·卡普兰在他的著作《多生孩子的自私理由》中总结道："对双胞胎和被收养者进行的研究发现，父母的养育对孩子未来发展的影响小得惊人。"

尽管接下来的内容听起来令人惊讶，但是相关领域的最佳研究表明，父母的养育对孩子的以下方面影响很小。

- 寿命。

- 健康状况。

- 学历水平。

- 对宗教的虔诚度。

- 工作收入。

但是，他们对孩子的以下方面有一定影响。

- 宗教信仰。

- 吸毒行为、酗酒行为、性行为，特别是在孩子的青少年
  时期。

- 孩子对父母的看法。

当然，也有一些比较极端的例子表明父母对孩子的学历水平和收入等方面有巨大的影响。想想向哈佛大学捐了250万美元的亿万富翁查尔斯·库什纳。他很可能通过此笔捐款，让他的儿子贾里德以相对较低的平均学分绩点（GPA）和SAT（美国高中毕业生学术能力水平考试）成绩进入哈佛大学，然后分给儿子利润丰厚的房地产业务的股份。[12] 客观来讲，如果贾里德有一个不一样的父亲，那么他的学历绝不会比现在高，财富也绝不会比现在多。冒昧地评论一句，如果没有继承房地产产

业，那么他的财富仅仅是现在约 8 亿美元净资产的九牛一毛。但数据表明，普通的父母，比如给孩子读书而不是给哈佛大学捐款的父母，对孩子的学历水平和收入的影响有限。

如果后天培养对孩子的总体影响比我们预期的要小，那么每位家长在养育子女方面做出的决定所产生的影响也必然比预期的要小。我们可以这样想：对于每个决定都找到最优解的父母，他们的孩子优秀的概率只比其他孩子高 26%；那么当父母面临上千种决定时，每一个决定并不会产生很大的影响。

其实，埃米莉·奥斯特的重要著作讨论过这方面最好的研究。对于最具争议的那些育儿方法，相关研究并没有从中发现父母的培养对孩子未来发展的影响。下面举几个例子。

- 唯一一项关于母乳喂养的随机对照实验发现，母乳喂养对不同儿童的长期发展并无显著影响。[13]
- 一项对电视使用情况的谨慎的研究发现，观看电视对儿童的考试成绩没有长远的影响。[14]
- 一项谨慎的随机实验表明，长期来看，教孩子玩需要一定认知能力的游戏，比如国际象棋，并不能让他们比同龄人更聪明。[15]
- 一项对双语教育的谨慎的元分析[16]发现，双语教育对儿童认知表现的各项指标影响很小，而之前论文中所述的影响可能只是因为人们更倾向于发表积极的研究结果。

此外，我之前提到，伊曼纽尔一家和芬斯比对男孩是否需要学习芭蕾舞持有不同看法。对此，一项元分析提供的"有限的研究证据"表明，参加舞蹈项目可以减少焦虑；然而，分析人员一致认为此项研究的"方法不好"，我们应该"谨慎对待"研究结果。[17]

回顾过往的谨慎研究，而不是只关注引人注目的最新研究，你会惊讶地发现，父母最担心的事情往往对孩子影响甚微。很简单，父母做出的大多数决定所产生的影响都比他们预期的低很多，也比育儿产业想让大家相信的低很多。

正如卡普兰所说：

> 即使你的孩子在不同的家庭环境中长大，或者说，即使你是另一种父母，你的孩子仍然可能会成长为和现在一样的人。你不需要像邻居一样变成"虎妈""狼爸"，用令人疲惫的标准严格要求自己和孩子。相反，你可以用最舒服的方式抚养孩子，停止焦虑。一切都会好的。

换句话说，卡普兰根据近几十年来的社会科学研究结果，在他著作的一个章节中，为父母们提供了最好的建议："放松点儿。"

我想说，卡普兰所著的这本基于科学研究的书是 2011 年前后关于育儿的最佳读物。自 2011 年以来，越来越多的证据表明，父母所做的每件事对孩子的影响都比大家预期的要低；而且让父母感到焦虑的大多数决定对孩子最终是否成才影响不大。然而现在，这个观点有一个重要更新，有证据表明，父母所做的其中一项决定最重要、最值得深入考虑。

现在我建议家长们："放松点儿……除了在下面这件事情上所做的选择。"

社区的影响

这是我非常喜欢的一句非洲谚语，它是从斯瓦希里语翻译而来的，大意是："养育一个孩子需要整个村庄的努力。"

下面列出我最喜欢的其他几句非洲谚语。

- 雨不会只落在一个人头上。
- 不是所有追逐斑马的人都能抓住它；但是能抓住斑马的，一定是追逐它的人。
- 不管你的怒火有多大，它连山药都烤不熟。

我们再回到刚才的那句谚语，"养育一个孩子需要整个村庄的努力"。

1996 年 1 月，时任美国第一夫人希拉里·克林顿以这句话为主题写了一本书，名为《举全村之力》。书中传递了这句非洲谚语的主旨——孩子的成长过程会受到周围很多人的影响，如消防员和警察、快递员和环卫工人、教师和体育教练。

最开始大家以为，希拉里的这本书又是一本政治家为谋求高位所写的书，不会有什么波澜，就像约翰·肯尼迪于 1956 年出版的《勇敢者传略》，乔治·布什于 1987 年撰写的自传《展望未来》，以及吉米·卡特于 1975 年撰写的自传《为什么不是最好的》。

然而，在此书出版几个月后，当时的共和党总统候选人鲍勃·多尔认为，他可以利用许多人对时任第一夫人的负面印象。他在希拉里堪称完美的观点中找到了一个明显的逻辑弱点。多尔认为，希拉里在书中过于强调社区成员在孩子生活中的重要性，而削弱了父母抚养孩子的责任。多尔声称，这个观点实际上是对家庭价值观的一次巧妙的冲击。在共和党大会上，多尔突然向希拉里发难。"恕我直言，"多尔说，"我来这里是要告诉你：抚养孩子不需要一个村庄，抚养孩子需要一个家庭。"[18] 人群瞬间爆发出了欢呼声。朋友们，这就是 1996 年共和党大会上最热烈的掌声，这就是如何攻击一句优美动人、感人肺腑的非洲谚语的故事。

那么，孰对孰错？是鲍勃·多尔，还是非洲谚语？

20多年来，注重数据的学者们诚实的回答是……（不屑一顾）。目前，还没有任何结论性的研究出现。我再强调一遍，目前的问题是我们无法建立起孩子成才和周围环境之间的因果关系。

诚然，一些社区培养出了更多成功的孩子。[19]这是我在上一本书中提到的一个有趣的事情：在"婴儿潮一代"出生在密歇根州沃什特瑙的孩子中，每864个孩子中就有一人取得了举世瞩目的成就——能够被收录进维基百科词条的那种成就；密歇根大学就坐落于沃什特瑙。在肯塔基州哈伦出生的31 167个孩子中，也只有一人被收录进维基百科；哈伦的城镇化率很低。这种情况的出现，在多大程度上是因为大学教授和其他中上阶层的孩子天生就非常聪明且活力满满呢？如果他们出生在肯塔基州的农村，他们也会非常聪明、活力满满吗？很简单，社区不同，在每个社区出生的人也有所不同，这导致人们无法确定某个社区能在多大程度上给居住在这里的孩子带来成功。

直到几年前，人们对社区影响的反应大都是不屑一顾。与此同时，经济学家拉杰·切蒂开始进行有关研究。

拉杰·切蒂是个天才。你不相信我的说法？艾伦·麦克阿瑟基金会于2012年向他颁发了"天才奖"；经济学界于2013

年授予他约翰·贝茨·克拉克奖章，表彰他为"40岁以下的最佳经济学家"；印度政府于2015年授予他印度最高荣誉之一——莲花士勋章；经济学家泰勒·考恩称切蒂是"当今世界上最有影响力的经济学家"。

切蒂用三年时间获得了哈佛大学的学士学位，又用三年时间获得了博士学位，现在在斯坦福大学和哈佛大学任职。基本上所有人都认同切蒂的成就非同凡响。（切蒂还是我在哈佛大学攻读博士学位时的教授。）

不久前，美国国内收入署向切蒂、纳撒尼尔·亨德伦、伊曼纽尔·赛斯和帕特里克·克兰等研究人员提供了美国纳税人的脱敏数据。切蒂和他的团队统计了孩子在哪里度过童年以及他们成年后最终赚了多少钱，并将孩子的成长轨迹和父母的纳税记录联系起来。切蒂团队通过数据可以知道，某个小孩5岁前生活在洛杉矶，然后在丹佛度过了剩下的童年。他们并不是为了一小部分人去了解这些内容，而是为了整个美国。这是一组意义非凡的数据集，掌握在一群脑力超群之人的手中。

如何利用全美纳税人数据来论证社区对儿童成长产生的影响呢？首先，我们可以简单地比较在不同地方长大的人成年之后的收入。但这里得出的结论涉及一个我之前讨论过的问题：相关性并不意味着因果关系。

这就是切蒂的聪明之处，或者按照艾伦·麦克阿瑟基金会的说法：这就是其天才开始发挥作用的地方。切蒂团队使用了一个非常巧妙的方法——关注一个非常有趣的特定的美国人群体：小时候搬过家的兄弟姐妹。因为数据集非常庞大（要知道，他们研究的是美国所有纳税人），所以他们有充足的数据可以研究。

如何通过小时候搬过家的兄弟姐妹证明社区环境和孩子成长之间存在因果关系呢？让我们仔细看看。

假设一个家庭有两个孩子——莎拉·约翰逊和埃米莉·约翰逊；家庭常住地为洛杉矶和丹佛。当莎拉13岁、埃米莉8岁时，全家从洛杉矶搬到了丹佛。假设丹佛比洛杉矶对抚养孩子更有利，我们可以推断，埃米莉会比莎拉"更成功"，因为她在丹佛"适宜儿童成长"的环境里多待了5年。

当然，即便丹佛的环境比洛杉矶更利于抚养孩子，我们也不能百分百地确定，埃米莉在丹佛多待了5年最终就会比莎拉更成功，因为莎拉也许还有其他优势，弥补了她在丹佛待的时间少的劣势。也许莎拉是这个家的孩子中更聪明的那一个，她的智慧让她比妹妹发展得更好。①

仔细研究成千上万组搬迁到异地的家庭数据（比如切蒂他们拿到的数据）后，你会发现兄弟姐妹之间并没有什么差异。

————————

① 如果你认为我说莎拉是这个家中更聪明的那个孩子，这种评价对埃米莉不够公平，显得刻薄，那么请记住，这是杜撰的例子。

从某种意义上说，至少有两个孩子的家庭每次从一个社区搬到另一个社区时，他们其实是在对前后两个社区进行测试。如果搬出的社区更有利于抚养孩子，那么年长的孩子会更加成功，因为年长的孩子在原来的社区生活了更长时间。如果搬进的社区更有利于抚养孩子，那么年幼的孩子会更加成功，因为年幼的孩子在现在的社区生活了更长时间。不过，并不是每个家庭都是这样的情况。但是，如果积累足够多类似家庭的数据，那么我们应该能够看到，当家庭搬进或搬出相关社区时，弟弟妹妹和哥哥姐姐之间的表现存在系统性差异。

此外，由于亲生兄弟姐妹都遗传了父母的基因，因此，我们可以相信，是成长环境导致了兄弟姐妹之间的这种差异。利用全体美国纳税人的数据，再加上一些聪明的数学方法，我们就可以衡量全美各个社区的价值。

那么，研究人员发现了什么呢？让我们从对大城市的分析开始。一如之前我们认为的那样，一些大城市让在那里生活的孩子获得了一些优势。如果一个孩子搬到了合适的社区，他就不太可能落得坐牢的境地，他可以接受更好的教育，赚更多的钱。切蒂及其研究团队发现，在最好的城市（我们称为超一线城市）长大，可以让孩子的收入增加约12%。[20]

表2-1中是5个美国的超一线城市。整体上看，这些地区给孩子的成长提供了最多的助力。

表 2-1　美国超一线城市

	在这里长大的人，成年后收入平均增加的比例（与在一个普通地方长大的人相比）
华盛顿州西雅图	11.6%
明尼苏达州明尼阿波利斯	9.7%
犹他州盐湖城	9.2%
宾夕法尼亚州雷丁	9.1%
威斯康星州麦迪逊	7.4%

所以，父母们可能机智地认为大城市是抚养孩子的好地方。然而，父母们不仅要选择居住在这里，而且需要居住在其中的某个社区里。

切蒂团队取得的研究进展不仅告诉我们大城市有多少好处，而且告诉我们大城市里的某个社区对孩子成长有哪些影响。[21]某些社区对某些人群更加有利。

在一篇非常了不起的论文中，切蒂团队利用税收数据研究了美国每个社区对不同性别、不同种族、不同社会经济阶层的孩子成长产生的影响。

他们发现，大城市中的不同社区之间存在很大差异，一些社区显著地促进了在那里生活的孩子的成长。

比如，他们分析了西雅图的数据，发现了每个人口普查区的家长是如何抚养孩子的。他们在分析后发现，西雅图的北安妮皇后区更有利于低收入家庭抚养孩子，西林地区则相反。总的来说，评区质量指标每增加一个标准差，该社区成员的收入就可能会增加约 13%。[22]

研究人员创建了一个网站（http://opportunityatlas.org），方便所有家长了解全美各个社区对不同家庭收入水平、不同性别和种族的孩子的有利程度。

数据告诉我们：社区最重要

当我们将萨塞尔多特等人的研究（关于父母对孩子成长的影响）和切蒂等人的研究（关于社区对孩子成长的影响）进行比较时，一件微妙又有趣的事情发生了。

回想一下，萨塞尔多特的研究表明，在亲兄弟姐妹被不同的家庭收养后，在较好家庭环境下长大的孩子成年后的收入会比其他孩子高 26% 左右。现在，一个好的家庭包含很多因素：育儿过程中成千上万个决定以及……家庭所在的社区。

切蒂等人研究了，正处于性格形成期的孩子搬到其他社区且父母没有任何改变，孩子的身上会发生什么。他们发现，与萨塞尔多特发现的影响相比，一家人搬入最好的社区后，可以更大幅度地提高孩子成年后的收入。

如果这些研究发现都是正确的（而且研究过程非常严谨），这意味着关于家庭的一个因素（家庭所在的社区）对孩子成长的影响很大。

事实上，我估计，如果把不同的研究结果放在一起，那么在父母对孩子成长的总体影响中，成长地点带来的影响占到约25%或更多。[23] 换句话说，让孩子在哪里长大是父母必须做出的上千个艰难决定中最重要的一个，它比其他决定的影响都大。对于这样一个重要的决定，现有的育儿指导书中鲜少提及。内特·希尔格在《父母陷阱》一书中指出，在目前最畅销的60本育儿指导书中，没有一本建议父母应该在哪里抚养孩子长大。

如果抚养孩子的地点如此重要，那么了解那些最优地点的共同特征就很有必要。切蒂等人也对此进行了研究。

好的社区是什么样的

如果切蒂团队掌握了每个社区对孩子成长的影响的数据，那么他们就可以将其与社区的其他数据集进行比较，看看哪些因素最能体现一个社区适合抚养孩子。[24] 那些能让孩子们未来发展得更好的社区，往往在几个特定的变量上得分很高。

你如果喜欢猜谜游戏，就看看是否能从下列8个特征中，猜出哪3个特征最能体现该社区是一个好社区。

下面哪 3 个特征最能体现该社区是好社区？（在哪种社区长大的孩子成年后最有可能过得好？）

- 周边高薪工作的数量。
- 居民中大学毕业生的比例。
- 该地区的就业增长率。
- 该地区学校的师生比。
- 该地区家庭的教育支出。
- 双亲家庭的占比。
- 归还人口普查表格的人员占比。
- 人口密度（无论该地区为城市、郊区还是农村）。

你有答案了吗？

最能代表一个社区会增加孩子成功概率的 3 个特征是下面这些。

- 居民中大学毕业生的比例。
- 双亲家庭的占比。
- 归还人口普查表格的人员占比。

不管你猜中与否，现在请你思考这 3 个因素之间的共同点以及它们为什么会使一个社区成为好社区。

这 3 个因素都与居住在社区的成年人有关。大学毕业的成年人往往更加聪明、更有成就。双亲家庭意味着拥有稳定的家庭生活。归还人口普查表格的成年人往往是热心社会事务的公民。

这表明，孩子所接触的成年人可能会对其成长产生巨大的影响。当然，社区中成年人的品质、特征和孩子成长之间的相关性并不能证明社区中的成年人确实影响了孩子的成长。但切蒂团队进一步的研究证明了其中的因果关系。事实上，成年人的榜样作用似乎比一所好学校或蓬勃发展的经济对孩子的成长更有意义。

案例 1：女发明家的榜样力量[25]

在一项名为"谁能在美国成为发明家？创新性教育的重要性"的研究中，切蒂团队利用纳税记录、专利记录和测试分数等大量数据集，尝试确定哪些因素能够预测一个孩子日后是否会做出非凡的科学贡献。

有些结果并不令人惊讶。儿童时期的考试成绩就是因素之一。一个人小时候数学成绩好，成年后更有可能拥有自己的专利。

研究人员发现，性别和所处的社会经济阶层会影响孩子成为一名成功的发明家的概率，这对科技领域来说并不意外，但令人沮丧。可悲的是，非裔美国人和女性，即便童年时期的考试成绩与白人和男性相同，他们成为发明家的可能性仍然很低。

但有一个因素在预测一个人能否成为发明家中发挥了重要作用：所在社区里居住的成年人。如果一个人在小时候搬到了有许多发明家的社区，他长大后成为发明家的可能性会有所提升。这些发明家邻居所处的行业也会对孩子未来从事的行业有影响。如果居住在社区里的大部分发明家都从事医疗器械行业，那么这个孩子未来发明医疗器械的概率就比较大。

值得注意的是，生活在发明家附近所产生的影响也与性别有关。切蒂团队发现，对女孩来说，如果她们在女发明家附近长大，她们成为发明家的可能性就会增加。但如果她们在男发明家附近长大，她们成为发明家的可能性就没有变化。

如果小女孩看到周围有很多成功的女发明家，她就会尝试模仿这些女性，并很可能在成年后成为发明家。如果你想让你的女儿成为一名发明家，那么你能做的最有用的事情之一就是，在她小的时候找一名成功的女发明家做邻居。

案例 2：黑人男性的榜样力量[26]

切蒂团队进行的第二项案例研究预测了美国黑人的社会流动性。可悲的是，在美国，非裔男性的社会流动性不如白人男性。下图显示，如果一个白人男孩和一个黑人男孩的父母收入相同，那么成年后，黑人男性的最终收入预计会少得多（见图 2–1）。

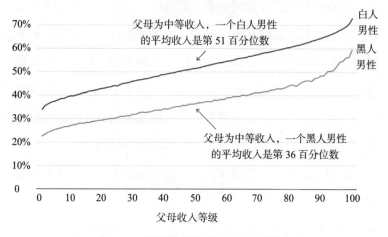

图 2-1　不同种族的父母和子女的收入

虽然在美国几乎所有社区，黑人男性的社会流动性都很低，但在有一些社区，黑人男性的流动性不错。我们可以对比一下纽约的皇后区和辛辛那提的伦敦西区。生活在皇后区的黑人男孩，如果出生时其父母收入超过了 25% 的美国人，那么其成年后收入能超过 55.4% 的美国人。生活在伦敦西区的黑人男孩，在同等条件下，其成年后收入能超过 31.6% 的美国人。

那么，是什么导致了非裔男性在不同社区中的发展差异呢？

一个不那么让人吃惊的变量影响着非裔美国人的发展情况：种族主义。切蒂团队发现，一个社区中有关种族主义的各种数据，包括谷歌上对种族主义的搜索量，与非裔美国男性的发展呈负相关。在我的前作《人人都在说谎》中，我谈到了对美国大量隐形种族主义行为的研究——谷歌搜索数据已经说明了一切。这是如今美国种族主义惩罚性特征的又一个证据。

但同样，还有一个更令人惊讶的因素在黑人男性的成长过程中发挥了巨大的作用：成年人的榜样作用。研究人员发现，最能预测黑人男性未来成就高低的因素之一是邻居中有多少黑人父亲。回看纽约的皇后区和辛辛那提的伦敦西区：在皇后区，56.2% 的黑人男孩在父亲身边长大；在伦敦西区，这个比例仅为 20.5%。

对一个年幼的黑人男孩来说，有黑人父亲在身边的重要性远高于亲父亲在身边。即使是被亲父亲抛弃的黑人男孩，在类似皇后区这样的地方长大后，他也会更有成就，因为那里有许多黑人父亲。

为什么成年人的榜样作用会如此强大

为什么社区里的成年人如此重要？为什么这些成年人可以帮助女孩实现自己的发明家梦想？为什么他们可以帮助黑人男性逃脱种族主义的惩罚？为什么他们可以影响许多人的生活？我们如何平衡一个社区中的成年人作为非亲父母带来的巨大影

响力和亲父母无法形成应有影响力之间的关系？

　　一个潜在的原因是孩子对自己父母的感情都很复杂。许多孩子想要反抗自己的父母，总想与父母对着干。如果你受过良好的教育且三观正确，你的孩子会受到你的激励，成为像你一样的人。但也许他们会被你刺激，想去开辟自己的道路，走和你截然相反的道路。

　　但是，孩子们与邻居中其他成年人的关系没有那么复杂，街上也没有俄狄浦斯和厄勒克特拉的结合体。孩子很可能会把在附近居住的其他成年人当作榜样，并模仿他们做的许多事情。

　　任何父母都很难说服自己的孩子按照他们想要的方式行事。但父母可能会发现，孩子天然地想要追随自己心中的榜样。

让孩子接触正面榜样

　　本章中的一些研究结果可能让人感到惊讶。你可能原本认为，父母对孩子的整体发展影响更大。你可能原本认为，与住在洛杉矶相比，住在西雅图并不会给孩子带来显著的成年后收入增长。你可能原本认为，住在隔壁的女士不太可能启发你女儿的事业心。

本章中的研究结果对于如何最好地养育孩子有重要的借鉴意义。育儿科学的两个主要发现其实有不同的含义。

发现一：正如我们通过收养和其他相关研究所发现的那样，父母对孩子整体发展的影响小得出奇。这表明父母在他们面临的许多决定上真的可以更加放松。

作为父母的你，如果每晚都觉得非常有危机感，不确定自己该做些什么，那么我们基本可以判断，你属于过度焦虑了。

事实上，对于绝大多数的育儿决定，我甚至可以用一种你不以为然的方法来解决：相信你的直觉。这并不是因为你的直觉中蕴藏着一些神奇的力量，能够引导你找到正确的答案，而是因为这些决定真的不是什么大不了的事情。做一些感觉上正确的事情，然后继续前进，这完全没问题。从某种意义上来说，数据证明了简单的、依靠直觉的方法行之有效。你要自信，只要你做出的是合理的选择，你就达到了为人父母的最好水平。

发现二：数据显示，在养育子女方面，你可能需要更多地关注孩子接触的人。这才是真正影响孩子未来发展的关键因素。

如果你真的受到了关于社区的研究的启发，你可以在https://opportunityatlas.org 的互动地图上看到每个社区对孩子成长的有利程度。

但是，即使你没有根据数据选择社区居住，而是盲选了一个社区，你也可以利用研究结果所传递的育儿理念。简单来说，让孩子接触你希望他们未来成为的那种成年人是有意义的。如果你觉得周围有人可能会激励你的孩子，那么你就要尽可能多地给孩子创造机会，让他们接触这些人，让这些人来描述他们的生活，并给你的孩子提供成长建议。

有一些逸事表明，一个人在孩童时的榜样可以有力地塑造他的未来。我相信，来自数千万美国人的数据已经证明了这一点。

下一章

纳税数据可以帮助你了解，如何将孩子未来的工作收入提高 12% 左右。如果你想帮助孩子在体育运动上取得成功，那么一些新的数据也可以帮助你。

第三章

运动天赋：
什么最有可能造就一名成功的运动员

你小时候的梦想是什么？我小时候有一个梦想，也只有一个梦想——成为一名职业运动员。[①]

你们都知道的，我痴迷于体育运动，是的，痴迷。在我4岁时，我父亲带我去看NBA纽约尼克斯队的比赛，那是朱利叶斯·欧文在麦迪逊广场花园球馆的最后一场比赛。我们旁边的球迷在听到我背诵球员数据后，确信我是一个侏儒。因为他们认为，小孩子不可能这么了解体育运动。

虽然我小小年纪就掌握了如此多的体育知识，他人也因此对我印象深刻，但我对自己并不满意。正如第一段提到的，我

---

① 我在《人人都在说谎》中也提到了我破碎的运动梦。在那本书里，我研究了NBA球员令人惊讶的家族背景数据。读者朋友们，这是我生活的一大主题。而且，研究并撰写这些内容对于我是一种治愈。

的梦想是成为一名职业运动员，而不是成为一个最了解职业运动员的人。我时常自问，为什么不是我成为朱利叶斯·欧文，而朱利叶斯·欧文成为知道我的罚球命中率后4位的人？

因为我的梦想面临一个不可逾越的障碍：我没有运动天赋。我是班里个子最矮的人，跑得也很慢。即使和其他个子不高、跑得不快的人相比，我也很弱。

加勒特的存在让我更加清楚自己的困境。加勒特是我最好的朋友，也是班里最高的人，肌肉发达，跑得飞快。他打篮球比我好，投球比我好，击球比我好，接球比我好，踢足球比我好，跑步比我好，躲避球比我好，甚至在课间休息时，在我制定规则的、想要发挥我自己特长的比赛中，他的表现都比我好。

如果连这个住在两个街区外的朋友在这些运动中都比我好得多，我还怎么成为世界上最好的职业运动员呢？我是一个没有机会的梦想家，希望自己成为加勒特，却困在一个柔弱书生的身体里。总而言之，我完蛋了。

我真的完蛋了吗？

我的父亲（米切尔·斯蒂芬斯）是纽约大学的一名杰出的新闻学教授，他对我感到非常抱歉。因为他看到自己的儿子这么迫切地想要一样东西，却无法实现，而这种情况很少见。他选择用他的智慧助我一臂之力。

我的父母都不是很高，一家三口跑得不快，体力也不好。

但是你猜怎么着？我们有智慧。一天下午，当我父亲穿着老海军牌睡裤看美国职业橄榄球大联盟纽约喷气机队的比赛时，他突然灵光一现："踢球手！"

"这个不会太难！"我父亲惊呼道。如果我练习踢橄榄球，踢到世界级的水平，那么我自然而然就成为一名职业运动员了，很简单。

马上开始实施这个计划！

于是，斯蒂芬斯夫妇带着骄傲的微笑去莫德尔斯体育用品公司，买了一个橄榄球球座。

一开始练习的时候，我根本无法把球踢离球座。但我坚持不懈地练习，不分昼夜，无惧风雨。一个男孩，一个球座，还有一个梦想。

朋友们，这就是关于我的故事———个来自新泽西州郊区的犹太男孩，虽然个子不高、跑得不快，但最终成为斯坦福大学橄榄球校队队员的故事！

开玩笑啦！显然，这个故事没有发生。经过几个月的训练，我能够稳定地把球踢到大约 8 米开外。我为自己的进步感到自豪。有一天，我邀请加勒特观看我的训练成果。加勒特说他也想踢一下，看看能踢多远。于是，尽管他以前从未踢过橄榄球，但他在第一次尝试时就把球踢到了大约 24 米开外。

我放弃了成为一名职业运动员的梦想，开始学习数学、练习写作，希望有朝一日能成为一名世界一流的分析师，至少能够分析是什么原因让别人实现了我的梦想。

图 3-1　最近发现的一张数据科学家（我）
试图（且未能）实现童年梦想的照片

科学记者大卫·爱泼斯坦的《运动基因》一书掀起了一场非常重要的讨论热潮——如何在体育运动中取得出色成绩。爱泼斯坦指出，虽然许多父母和年轻人认为热情和刻苦训练能换来出色的体育成绩，但越来越多的证据表明，基因在很大程度上决定了一个人能否在体育运动中取得成功。

这在篮球运动中或许体现得最为明显。我无须赘述身高很高的人在篮球运动中的优势，因为你很可能已经注意到了。但你或许还没有意识到这带来的优势有多大。

事实上，我通过研究发现，球员身高每增加约 1 英寸，他进入 NBA 的概率几乎翻番。除了我之外，还有很多人也发现了其中的关系。身高 6 英尺[①]（约 1.83 米）的人进入 NBA 的概率是身高 5 英尺 11 英寸（约 1.8 米）的人的 2 倍，而且这个规律适用于所有的身高。身高 6 英尺 2 英寸（约 1.88 米）的人的概率是 6 英尺 1 英寸（约 1.85 米）的人的 2 倍……身高 6 英尺 10 英寸（约 2.08 米）的人的概率是身高 6 英尺 9 英寸（约 2.05 米）的人的 2 倍，以此类推。

身高的影响非常大。具体影响到什么地步？身高不足 6 英尺（约 1.83 米）的人有 120 万分之一的概率进入 NBA，而身高超过 7 英尺（约 2.13）的人的概率大约是 1/7。

此外，爱泼斯坦指出，科学家们已经发现，在其他很多项运动中也存在理想体型等基因优势。靠着中彩票般的基因优势，世界上最伟大的运动员往往都拥有更适合所从事运动的理想身材。例如，游泳运动员的理想身材通常为较长的躯干和相对短的下肢，这种身材使人的划水距离更长。世界上最好的游泳运动员基本都是此类身材。中长跑运动员的理想身材为较长的下

---

① 1 英尺 =30.48 厘米。——编者注

肢，这样的人步长更长。世界上最好的中长跑运动员基本都是此类身材。

爱泼斯坦指出，有史以来最伟大的游泳运动员迈克尔·菲尔普斯的身材和有史以来最伟大的中长跑运动员之一希查姆·埃尔·格鲁伊的身材形成了鲜明的对比。迈克尔·菲尔普斯（身高 1.93 米）比埃尔·格鲁伊（身高 1.75 米）高 18 厘米。但让人惊讶的是，两人腿长一样。用爱泼斯坦的话来说："他们穿同样长度的裤子。"菲尔普斯的腿虽短，却帮他制霸泳坛；埃尔·格鲁伊的腿长，则帮他制霸中长跑赛场。[1]

爱泼斯坦书中的内容可能会让一些人感到沮丧，比如我和我的家人。虽然我梦想成为世界级的运动员，但我并没有世界级的运动基因。一些父母或年轻人在读完他的这本书后，甚至可能直接放弃梦想。我们何必与全球的基因天才竞争呢？

爱泼斯坦的书极具开创性，但这只是关于"一名运动员取得成功的原因是什么"的讨论的开始。不可否认，基因的作用非常重要。

但基因会在不同运动中发挥完全不同的作用吗？有没有运动基本上只受基因影响？有没有运动更有可能受热情和刻苦训练影响？就像我父亲以为的踢橄榄球那样，一个没有基因等巨大遗传优势的小孩，是否仍然有机会通过自己的热情和刻苦训练取得傲人的成绩？

接下来，我将通过一些数据来说明不同的运动对基因的依赖程度，以及哪种运动最适合没有基因优势的人。但在开始之前，我想先分享注册会计师帕特里克·奥罗克发现的一些数据，这些数据很有价值，且与下面这个问题有关：哪项运动最有可能让一个没有什么过人本领的年轻人取得成功？不过，他的研究关注的不是哪些运动需要基因优势，而是哪些运动能让每个运动员都获得大学奖学金。

为你上大学保驾护航？[2]

一天晚上，帕特里克·奥罗克和朋友们共进晚餐时，说起自己的儿子在高中棒球校队成绩尚可，但还没有优秀到能获得大学的入学奖学金。朋友们给他出了一个主意：让孩子改打长曲棍球。毕竟，长曲棍球运动员要少得多。他的儿子如果把精力集中在这项参与人数不多的运动上，或许获得大学奖学金的机会更多。

奥罗克对这个想法很感兴趣，但他并没有简单地接受朋友的建议。首先，他开始搜集数据，就像撰写本书的我一样。他搜集了各项运动中的美国高中运动员人数和大学提供给各项运动的奖学金指标。然后，他整理出了一个关于"容易获得奖学金的运动员"的统计维度：在一项运动中，获得大学奖学金的高中运动员人数占高中运动员总人数的百分比。

那么，数据揭示了什么？

奥罗克的朋友们大错特错。高中打长曲棍球的人确实比打棒球的人要少，但大学有关长曲棍球的奖学金项目也比有关棒球的少得多。总的来说，一个高中男子长曲棍球运动员获得奖学金的概率是1/85；一个高中男子棒球运动员获得奖学金的概率是1/60，略高一些。

奥罗克从这些数据中学到了很多，他通过自建网站ScholarshipStats.com与全世界分享自己的收获，这些内容最初由记者贾森·诺特整理（见表3–1和表3–2）。

表3–1　从事不同项目的男运动员获得大学奖学金的概率

体育项目	高中运动员数量（人）	可申请的大学奖学金数量（项）	高中运动员数量与大学奖学金数量之比（约数）
体操	1 995	101	20∶1
击剑	2 189	99	22∶1
冰球	35 393	981	36∶1
橄榄球	1 122 024	25 918	43∶1
高尔夫球	152 647	2 998	51∶1
高山滑雪	5 593	107	52∶1
气步枪	2 668	47	57∶1
篮球	541 054	9 504	57∶1
棒球	482 629	8 062	60∶1
足球	417 419	6 152	68∶1
游泳与跳水	138 373	1 994	69∶1

体育项目	高中运动员数量（人）	可申请的大学奖学金数量（项）	高中运动员数量与大学奖学金数量之比（约数）
网球	191 004	2 417	79∶1
长曲棍球	106 720	1 251	85∶1
越野跑	252 547	2 722	93∶1
田径	635 971	5 930	110∶1
水球	21 451	126	170∶1
摔跤	269 514	1 530	176∶1
排球	52 149	294	177∶1

表3-2 从事不同项目的女运动员获得大学奖学金的概率

体育项目	高中运动员数量（人）	可申请的大学奖学金数量（项）	高中运动员数量与大学奖学金数量之比（约数）
赛艇	4 242	2 080	2∶1
马术	1 306	390	3∶1
橄榄球	322	36	9∶1
击剑	1 774	134	13∶1
冰球	9 150	612	15∶1
高尔夫球	72 172	3 056	24∶1
体操	19 231	810	24∶1
滑雪	4 541	133	34∶1
气步枪	1 587	46	35∶1
足球	374 564	9 266	40∶1
篮球	433 344	10 165	43∶1
长曲棍球	81 969	1 779	46∶1
游泳与跳水	165 779	3 550	47∶1
网球	215 737	4 480	48∶1
垒球	371 891	7 402	50∶1

体育项目	高中运动员数量（人）	可申请的大学奖学金数量（项）	高中运动员数量与大学奖学金数量之比（约数）
排球	429 634	8 101	53∶1
曲棍球	61 471	1 119	55∶1
水球	18 899	344	55∶1
越野跑	218 121	3 817	57∶1
田径	545 011	8 536	64∶1
保龄球	25 751	275	94∶1

这些数据让人惊讶。谁能想到高中男子体操运动员获得大学奖学金的概率大约是高中男子排球运动员的9倍呢？又有谁能想到高中女子赛艇运动员获得大学奖学金的概率比高中女子越野跑运动员高出近30倍？

奥罗克对这些数据进行了解释。例如，在高中课程中，人们很少能见到那些获得奖学金概率较高的体育项目，因此想要成为从事该项目的运动员，你就需要加入花费昂贵的俱乐部球队。此外，有些奖学金的金额也相当少。想知道更多信息，你可前往奥罗克的网站查询。

如果你在美国，你和孩子正在考虑专攻某项运动，并想以此获得大学奖学金，在 ScholarshipStats.com 上查询相关信息是明智的选择。然而，正如爱泼斯坦告诉我们的那样，没有基因的加持，普通人很难在许多体育运动中取得巅峰成就。

那么，基因对哪种运动影响最大，又对哪种运动影响最小呢？要想得到这个问题的答案，我发现，可以计算同卵双胞胎运动员在同一项运动上取得成功的概率。

双胞胎研究

行为遗传学家会研究成年人的行为产生的原因。比如，为什么有人支持共和党，而有人支持民主党？其原因有多少受先天基因影响，又有多少受后天因素影响？

要想区分先天和后天影响并不那么容易。核心难点在于，先天基因相同的人在后天培养上也并无太大差异。

以亲兄弟姐妹为例。

一般而言，亲兄弟姐妹在每个研究维度上都比随机的研究对象更相似。例如，兄弟姐妹更有可能站在同一个政治立场上。我弟弟诺厄几乎同意我所有的政治观点。我们喜欢奥巴马，讨厌特朗普。

为什么会这样？诺厄和我的 DNA 中是否有相同的基因，让我们都被奥巴马传递的希望和改变感动，而对特朗普的理念不感兴趣？这很有可能，因为我们的 DNA 有 50% 相同。

诺厄和我有相同的政治立场，或许是因为我们年轻时候的经历相似？这也很有可能，因为在我们儿时的家庭聚餐中，家庭成员都愿意讨论政治；我们的父母都支持民主党；我们住在纽约市外的自由主义社区，周围的邻居也都支持民主党。

可以说，诺厄和我，既有相同的先天基因，又有相似的后天经历。

德国遗传学家赫尔曼·维尔纳·西门子为区分先天和后天影响，提出了一个巧妙的解决方案——研究双胞胎。他们是天然的研究对象。

每1000次怀孕中约有4次，一个卵子受精并分裂成两个独立的胚胎，形成同卵双胞胎。[3]他们的基因完全相同。

每1000次怀孕中约有8次，两个卵子分别和两个精子结合，形成异卵双胞胎。同性异卵双胞胎与同卵双胞胎一样，出生日期相同，成长经历几乎完全一样。但是，与同卵双胞胎不同的是，异卵双胞胎平均仅有50%的基因相同。

先天与后天的争论目前可以通过公式解决，到时候我会分享给你。其中的关键论点是：如果一个人的特征在很大程度上由基因决定，换句话说，如果先天最重要，那么同卵双胞胎之间将比异卵双胞胎之间相似得多。当然，人的大多数特征都是先天和后天的结合，而二者对个人特征形成的贡献比例可以通过公式计算出来。

但不管怎样，这些简单的公式对整个社会产生了巨大影响。举个例子，人们在意识到双胞胎在行为研究方面的价值后，直接改变了俄亥俄州特温斯堡镇一年一度的双胞胎节。[4]

特温斯堡镇于 1823 年得名。当时，一对名叫摩西·威尔科克斯和亚伦·威尔科克斯的同卵双胞胎商人与俄亥俄州的米尔斯维尔镇达成了协议。这对拥有土地、金钱，还自带幽默感的双胞胎表示，他们可以捐赠 6 英亩^①土地以建造一个城镇广场，还可以捐赠 20 美元用来建一所新学校。另外，米尔斯维尔镇要改名为特温斯堡镇。

1976 年，特温斯堡镇的居民发现，城镇的名字（Twinsburg）让它非常适合举办一个双胞胎节。于是，每年夏天，来自世界各地的双胞胎齐聚于此。一些双胞胎的名字很有意思，比如伯尼斯和韦尔尼斯，杰纳哈和杰瓦哈，卡罗琳和莎罗琳。一些双胞胎穿着很酷的 T 恤，衣服上印着"注意！有两个我！""我是恶魔双胞胎""我是埃里克，不是德里克"。双胞胎们在这里进行才艺表演，一起游行，甚至还会举行婚礼。1991 年，当时 34 岁的同卵双胞胎道格·马尔姆和菲利普·马尔姆在双胞胎节上遇到了当时 24 岁的同卵双胞胎琼和杰娜，在两年后的双胞胎节上，他们两对新人结婚了。

没有什么能影响上万名双胞胎一起外出游玩的快乐。没有什么，除了科学家。当科学家得知上万名双胞胎将在同一天出现在同一处地点时，他们脱下实验服、摘下护目镜、拿上笔和

---

① 1 英亩 ≈ 4 046.86 平方米。——编者注

本，直接冲向特温斯堡镇。科学家的到来，把一年一度的双胞胎节从充满快乐变成了充满快乐、调查和测试。

科学家利用双胞胎节撰写与双胞胎相关的论文。他们给前来参加节日活动的双胞胎付一点儿酬劳，希望双胞胎能够回答他们可能想到的任何问题。

想知道基因对一个人的信任行为产生的影响有多大吗？一组科学家在双胞胎节上找到了答案。科学家让双胞胎分别与他人玩一个信任游戏，并观察他们是否可以通过合作赚更多的钱。

科学家发现，与异卵双胞胎相比，同卵双胞胎要么都愿意与别人合作，要么都不愿意。换句话说，同卵双胞胎要么都信任他人，要么都不信任他人。科学家将得到的数据代入公式并计算出，基因对信任行为的影响程度为10%。[5]

想知道基因对一个人的酸味识别能力产生的影响有多大吗？一组科学家在双胞胎节上找到了答案。科学家招募了74对同卵双胞胎和35对异卵双胞胎，让他们喝下酸度不同的饮品，并让他们标记饮品的酸度。科学家比较了所有实验标记，并将数据代入公式后发现，基因对酸味识别能力的影响程度为53%。[6]

想知道基因对霸凌行为产生的影响有多大吗？一组科学家采访了双胞胎的母亲和老师，根据其反馈的内容，科学家发现，基因对霸凌行为的影响程度为61%。[7]

科学家甚至找到了一些可能与霸凌相关的基因。例如，在rs11126630位点拥有T等位基因能够显著减少一个人在儿童时期的攻击性行为，而这有可能减少霸凌行为。[8]

关于这一科学发现，我最喜欢的一点是它给了恶人"终极一怼"。

小时候的我柔弱安静，像个书呆子。如果我回到小时候，当再有那种自作聪明又极其令人讨厌的恶霸对我说"你没有Y染色体"，讽刺我缺乏男子气概时，我就回怼"嗯，你在rs11126630位点上没有T等位基因"，讽刺他的过度攻击性行为。

在过去的20多年时间里，全球科学家们利用双胞胎研究先天基因和后天培养对人的影响程度。这些研究涉及的领域很广，但并未研究特定运动与其中的顶尖运动员。

所以，我决定试试，看能否利用数据找到运动能力与基因之间的关系。

篮球基因

如果基因对一项运动的影响非常大，那么数据科学就会告诉我们，同卵双胞胎同时成为顶尖运动员的概率很高。

说说篮球。篮球运动员能否取得成功，在很大程度上取决于由基因决定的身高。篮球是一项同卵双胞胎同时成为顶尖运动员的概率最高的运动。

自 NBA 成立以来，已有 10 对双胞胎进入了 NBA，其中至少有 9 对是同卵双胞胎。[9]

假设 NBA 球员的父母生下同卵双胞胎的概率大致为平均水平，这意味着一名 NBA 球员的同卵双胞胎兄弟姐妹进入 NBA 的概率超过 50%。而美国男性进入 NBA 的概率平均约为 3.3 万分之一。[10]

基于行为遗传学家使用的研究双胞胎其他特征的公式，我建立了一个模型。（模型的数学细节和代码都在我的网站上。[11]）在我的模型中，一个人的篮球水平至多有 75% 受基因影响。进入 NBA 打篮球真的真的要靠遗传。

有趣的是，球探可能并没有完全意识到基因对于篮球有多么重要。《体育画报》上刊登的一篇文章描述了球探评估同卵双胞胎球员时有多么困难。[12]当时，一名 NBA 东部联盟的球探发掘了（同卵）双胞胎哈里森兄弟——阿龙·哈里森和安德鲁·哈里森。他说："两个人非常像，我甚至分不清谁是谁。投出决胜球的孩子是两个人中个头儿较小的一个。好，我有了一个初步印象，一个水平高点儿，一个水平低点儿。但当水平低点儿的那个也投出了决胜球时，我只能说'天哪！'。"一位联盟高管想出了一个有趣的方法来确定哪个球员更有前途：观察他们的妈妈。他指出："妈妈总是会为水平低点儿的那个加油。"

　　球探经历了三次类似的发掘经历。也许是通过分析母亲的反应，他们最终确定了同卵双胞胎中，一位的发展前景明显比另一位好，其 NBA 选秀排名最起码要比另一位高出 20 位。但是每一次，被认为较差的那个人和他的双胞胎兄弟的表现都不相上下，远超选秀顺位的水平。[①] 也许球探不考虑双胞胎母亲的场边加油情况，只考虑双胞胎大致相同的比赛水平，能更准确地判断球员水平。毕竟，他们的 DNA 相同。

　　基因在篮球运动中至关重要，没有这方面的优势但仍想成为一名优秀的篮球运动员并不是一个明智的选择。但基因在其他一些运动中并不是那么重要，让我们把目光转向美国其他主流运动项目。

棒球和橄榄球：基因不那么重要

　　在棒球界，共有 19 969 名球员在美国职业棒球大联盟打

---

① 根据阿龙·巴尔齐莱在 https://www.82games.com/barzilai1.htm 上公布的公式，贾伦·科林斯（选秀第 52 顺位）的胜利贡献值为贾森·科林斯（选秀第 18 顺位）的 16%，实际为 78%。根据同样的公式，斯蒂芬·格雷厄姆（未被选中）的胜利贡献值不到乔伊·格雷厄姆（选秀第 19 顺位）的 9.4%，实际为 21.8%；凯莱布·马丁（未被选中）的胜利贡献值不到科迪·马丁（选秀第 36 顺位）的 27%，实际为 48%。

球，其中约有 8 对同卵双胞胎。这意味着一名职业棒球运动员的同卵双胞胎兄弟进入美国职业棒球大联盟的概率约为 14%，远小于成为职业篮球运动员的概率。不过，这里并未考虑成为一名职业棒球运动员的概率是成为一名职业篮球运动员的概率的三倍。

橄榄球在同卵双胞胎方面的概率和棒球相似。美国职业橄榄球大联盟共有 26 759 名球员，其中约有 12 对同卵双胞胎，这意味着一名职业橄榄球运动员的同卵双胞胎兄弟进入美国职业橄榄球大联盟的概率约为 15%。

这些数据明确表明，与篮球相比，棒球或橄榄球受基因的影响更小。据我个人估计，一个人的棒球和橄榄球运动能力有 25% 受基因影响。

换句话说，基因在棒球和橄榄球中的重要性还不及它在篮球中的一半。

马术和跳水：基因的影响几乎不存在

我们可以将有关基因的分析扩展至更多运动，然后就会再次印证之前的观点：DNA 对不同运动的影响存在巨大差异。

前职业高尔夫球手、已退休的肘部外科医生比尔·马伦热衷于统计奥运会比赛数据。现在，他绝对可以被称为奥运会历史学家，他也是国际奥委会统计数据的提供者之一。他统计的数据之一就是曾经参加过奥运会的双胞胎是否为同卵双胞胎。马伦很大方，向我分享了这些数据。

一些奥运会项目中的同卵双胞胎数量惊人。

以摔跤为例。6 778 名奥运会摔跤运动员中，大约有 13 对同卵双胞胎。[13] 这意味着，一名奥运会摔跤运动员的同卵双胞胎兄弟姐妹同样成为一名奥运会摔跤运动员的概率约为 60%。

这是因为同卵双胞胎在成长过程中会一起摔跤吗？不太可能。根据我的估算，如果是异卵双胞胎或同性别兄弟姐妹（他们也可以一起摔跤），这种概率也只是接近 2%。而较多的同卵双胞胎摔跤运动员表明，基因对摔跤运动的影响非常大。其他同卵双胞胎运动员比例很高的奥运会项目包括赛艇和田径。

不过马伦的数据还表明，有一些奥运会项目的同卵双胞胎运动员数量相对小得多，这说明基因对这些项目的影响较小（见表 3-3）。

表 3-3　成功运动员的遗传数据表

	同性别兄弟姐妹中同卵双胞胎的比例（百分比越高，表明对基因遗传的依赖性越高）
奥运会田径选手	22.4%
奥运会摔跤选手	13.8%
奥运会赛艇选手	12.4%

	同性别兄弟姐妹中同卵双胞胎的比例（百分比越高，表明对基因遗传的依赖性越高）
NBA 球员	11.5%
奥运会拳击选手	8.8%
奥运会体操选手	8.1%
奥运会游泳选手	6.5%
奥运会皮划艇选手	6.3%
奥运会击剑选手	4.5%
奥运会自行车选手	5.1%
奥运会射击选手	3.4%
美国职业橄榄球大联盟球员	3.2%
美国职业棒球大联盟球员	1.9%
奥运会高山滑雪选手	1.7%
奥运会跳水选手	0%
奥运会马术选手	0%
奥运会举重选手	0%

再以射击为例。7 424 名奥运会射击运动员中，有 2 对同卵双胞胎；也就是说，奥运会射击运动员的同卵双胞胎兄弟姐妹同样成为一名奥运会射击运动员的概率约为 9%。这意味着，基因对射击的影响很小。跳水、举重、马术等项目中的运动员没有同卵双胞胎，这说明基因对这些项目的运动员能力的影响很小。那些没有基因天赋的人也可能有机会通过一腔热情和刻

苦训练在这些运动中取得傲人成绩。

那么，我们应如何看待那些最不受基因影响的运动呢？

当然，其中一些运动的门槛很高。例如，学习马术的成本之高众所周知，这也是许多富家子弟专门从事这项运动的原因。我们研究过往历史可知，马术受基因影响很小的部分原因是，无论身份贵贱，许多人或许天赋异禀，但他们从未真正做过此项运动。

不过，如今，你可以在没有多少资金的情况下开始马术运动，并凭借热情和刻苦训练取得一定的成果。很多网站（如https://horserookie.com/how-ride-horses-on-budget/）都有攻略，介绍如何在资金不充裕的情况下开始马术运动。

当我计算成功运动员的遗传数据表时，我习惯性地想到了布鲁斯·斯普林斯汀。这可能是因为我写作时常常听他的歌。

斯普林斯汀最著名的歌是《生为奔跑》。虽然这首歌唱的是一个人想要逃离小镇，但歌名也可以用来描述对同卵双胞胎运动员进行分析后的结果。毕竟，田径是最依赖基因的体育运动之一。

布鲁斯·斯普林斯汀有一个女儿，名叫杰西卡。从 4 岁开始，她就沉迷于骑马，后来成为世界顶级马术运动员之一，并在东京奥运会上获得银牌。

斯普林斯汀可能是对的，我们中的一些人"生为奔跑"。

但他女儿的故事告诉我们，即使是我们这些没有运动天赋的人，也可以"学为马术"，还能"学为"跳水、举重和射击。

下一章

成为一名成功的运动员能让人成为富人，但成为富人的方式不止这一种。最新税收数据揭示了美国富人的秘密——他们和人们对他们的固有印象相去甚远。

第四章

财富积累：谁是真正的隐形富豪

你想听一个无聊的故事吗？（怎么样，这个开头还是很吸引人的吧？）

凯文·皮尔斯[①]从他祖父手里接过了比拉罗公司，从事啤酒批发经销生意。1935年，美国废止禁酒令两年后，凯文的祖父创立了比拉罗公司。彼时，啤酒批发经销非常挣钱。凯文的祖父打趣说，那会儿生意刚开始时，谁拥有速度最快的车和火力最猛的枪，谁就能卖出最多啤酒。但如今，啤酒批发经销也变得正规化了，就像其他行业一样，充斥着无数的表格和会议。

每天早上8点，凯文都会到他面积为37平方米的办公室，与销售经理和团队负责人查看前一天的销售额和预计毛利润。

---

① 姓名和故事细节有所改动。

凯文可能会和供货商开一到两次会，讨论供货的价格。他可能会与运货司机交谈，特别是少送了一次货的司机。他可能会与外聘的定价策略咨询团队沟通，使每次交货的利润最大化。

虽然啤酒消费多是在晚上，但其批发经销业务需要在白天进行。大多数零售连锁店都希望能在早上收货，大多数酒吧和餐馆都希望在午餐前不久或午餐后不久收货，因此，凯文一般在下午4点到5点就下班了。

凯文赚得盆满钵满。他说，这么多年来通过啤酒批发经销，他赚了数百万美元。这恰好证明凯文在美国一个最有可能造就百万富翁的行业里耕耘。最近，经济学家利用最新税收数据进行的一项研究发现，饮料（含酒，下同）经销属于精选行业，行业中很大一部分人的收入水平进入了美国国民收入的前0.1%。

凯文的收入也非常稳定。行情好的时候，他的收入可能比预期的高出2%或3%。行业不景气时，他的收入可能会下降2%或3%。

凯文承认他的工作可能"非常无聊"，他"快要开始讨厌电子表格了"。虽然啤酒确实为他的批发经销生意增加了一点儿小小的吸引力，但他说，如果卖的是卫生纸，他的日常工作其实也不会有太大不同。

但当凯文把自己的工作和他朋友们的工作进行比较时，他很满意，因为他已经意识到自己的工作非常令人羡慕，每年收入丰厚且稳定，下午 5 点就可以下班。凯文的一个朋友最近这样评价他的生活——房子漂亮，生活安逸，收入稳定。"我想要做你这样的生意。"朋友告诉凯文。

但凯文总结自己的工作时说："这很无聊。但每一天，我都能赚到很多钱。"

关于富人的数据

谁是美国的富人？

事实上，直到几年前，人们对这个问题还知之甚少。当然人们都认为，某种努力更有可能给人带来财富。比如，我们都觉得高盛的员工比学校的老师赚得多（不管高盛的员工是否应该比学校的老师赚得多）。

但是，直到几年前，还不曾有人对所有美国人，包括美国的每一位富人的财务状况进行全面的研究。我们对美国富人的了解来自两种渠道，这两种渠道各有缺点。

首先，我们可以直接询问。但许多人不希望别人知道自己的收入，这就让事情变得复杂起来。杰克·麦克唐纳来自华盛顿，是一名律师兼投资人。[1] 他住在一间有一居室的公寓里，穿着破旧的衬衫，搜集各种超市优惠券，以买到更便宜的食品杂货。在他去世前，他捐赠了自己通过投资积累下来的1.876亿美元，令无数人感到震惊。与麦克唐纳相反的例子是安娜·索罗金。[2] 她于2013年搬到纽约市，并立即进入当地的精英社交圈，四处宣扬自己是一个6 000万欧元信托基金的继承人。她在最好的餐厅吃饭，在最好的酒店住宿，然后让朋友们垫付，并声称自己肯定会还钱。她最终因诈骗多人和多个机构而被捕入狱。据透露，她已经悄悄破产了。大多数人并不像麦克唐纳或索罗金这样极端，但在现代生活的复杂人际关系中，有的人选择夸大其词，有的人则选择财不外露。

其次，我们或许可以通过媒体的报道来了解富人的故事。但是，我们了解到的富人都是那些名声在外的富人。因此，这种了解在很大程度上来自那些引人入胜的故事。

几年前发生了什么，让我们最终得以了解美国的富人？美国国内收入署与学者们展开了一项合作，以研究美国全体纳税人的数字化数据。（所有的数据都去掉了个人敏感信息并进行了匿名处理。）马修·史密斯、丹尼·亚甘、欧文·齐达尔和埃里克·兹威克等人组成了一个研究小组（之后我会统称他们为税收数据研究员），利用税收数据研究最富有的美国人的职业发展道路。

在讨论研究人员的发现之前，我必须提前声明一点：我害怕已经去世的犹太祖父母化成鬼魂骂我："赚大钱不一定是生活的目标，也不一定会让人快乐。"所以本书的第八章和第九章将会讨论数据科学下的幸福与快乐，以及与其他因素相比，金钱在让人获得幸福与快乐方面发挥的（有限）作用。

富人拥有自己的企业

所以，富人是如何赚到那么多钱的？

让我们从那些被我们熟视无睹的事情开始说起。税收数据研究员发现，大多数美国富人都拥有自己的企业，他们不是靠薪水赚钱的。更准确地说，在收入排名前 0.1% 的富人中，只有 20% 的人的收入主要来自工资。[①] 在这些富有的美国人中，84% 的人或多或少都从自己的生意中挣了一些钱。

当然，也有一些众所周知的人物，他们通过组织机构发的薪水致富。想想巨头公司的 CEO，如摩根大通的杰米·戴蒙，年薪为 3 000 多万美元；想想著名的广播电台主持人，如美国全国广播公司的莱斯特·霍尔特，年薪为 1 000 多万美元；再想想顶级运动队的教练，如斯坦福大学橄榄球队总教练戴维·肖，2019 年年薪为 890 万美元。[3]

[①] 在其他收入排名前 1% 的人中，约有 40% 的人的收入主要来自工资。要想在研究的时间段内进入排名前 1%，一个人的年收入要达到 39 万美元；要进入前 0.1%，一个人的年收入要达到 158 万美元。

但数据告诉我们，以薪水为基础通往财富自由之路的案例非常罕见。税收数据研究员发现，在收入排名前 0.1% 的人中，有自己企业的老板人数是拿工资的员工人数的 3 倍，或者换种说法：在富人中，每出现 1 个杰米·戴蒙（员工），就会出现 3 个凯文·皮尔斯（老板）。[①]

　　数据科学家尼克·马朱利最近发现了一件有趣的事情，普通人即便像体育明星一样薪水高得离谱，也不会像拥有企业的老板那样富有。在美国职业橄榄球大联盟的 26 000 多名球员中，你知道最富有的人是谁吗？是杰里·理查森[4]。他是谁？他曾是一名外接手，在美国职业橄榄球大联盟两个赛季中共接住了 15 次传球。但从橄榄球队退役后不久，理查森就买下了快餐品牌哈迪斯的特许经营权并拓展品牌业务。哈迪斯 500 多家分店的股份给他带来了 20 多亿美元的净资产。相比之下，杰里·赖斯——很可能是有史以来最伟大的外接手，在他 20 年的职业生涯中，共完成了 1 549 次接球，收入约 4 240 万美元。我可以用一个算式来说明二者收入上的差距：15 次接球 +500 家哈迪斯分店的收入是 1 549 次接球 +0 家哈迪斯分店的大约 50 倍。

　　顺便说一下，理查森利用他的财富成为卡罗来纳黑豹队的

①　在其他收入排名前 1% 的人中，通过工资实现财富自由的人数和通过拥有企业实现财富自由的人数大致相同。

联合创始人，但当他被指控在工作场所有言语性骚扰行为和种族歧视行为后，他被迫出售了哈迪斯的股份。所以，我们从理查森的故事中学到的应该是拥有一定资产后如何积累更多的财富，而不是如何保持良好的品行。

富人拥有赢利的企业

在美国，虽然拥有企业是致富的主要途径，但部分企业并不一定能让人成为富人。这里我要提醒一下每一位像凯文·皮尔斯那样每年有稳定大笔收入的老板：有的企业会破产，有的企业利润很低。

那么，如何区分企业家中的赢家和输家？他们涉足的领域非常重要。有些领域的生意好做，很有可能让人发财；有些领域的生意不好做。

让我们从后一类不好做的生意开始说起。

罗田（音译）和菲利普·斯塔克研究了哪些领域的企业最容易倒闭。[5] 他们利用美国劳工统计局的大量数据，跟踪在美国经营的企业的发展情况（见表4–1）。

企业平均寿命最短的行业是什么？是唱片店。唱片店的平均寿命为2.5年。换句话说，普通唱片店与激励别人开唱片店的许多摇滚明星一样，有着相似的道路：短暂且没有"粉丝"。

表4-1 做生意快速失败的迷人道路

行业	一家企业的平均寿命 （作为比较，牙科诊所的平均寿命为19.5年）
唱片店	2.5年
游戏机厅	3.0年
玩具和游戏商店	3.25年
书店	3.75年
服装店	3.75年
化妆品店	4.0年

这是研究人员在数据中发现的一种初期经营模式：迷人企业。这类企业通常是年轻人梦想开办的企业，其平均寿命很短。企业平均寿命很短的行业还包括游戏机厅、玩具和游戏商店、书店、服装店和化妆品店。

从另一个角度来看，这项研究提醒有理想抱负的企业家，在创立一家迷人企业或一家实现童年梦想的企业时要格外小心。

迷人企业所在的诸多行业都是竞争非常激烈的，一般人无法脱颖而出，而且会在短时间内损失很多钱。（我承认，在迷人行业中还有一条更迷人、更有希望通往商业成功的道路，但它需要大量人才和努力，之后我会稍做讨论。）

那么，哪个行业最有可能让人成为富人呢？

税收数据研究员记录了每个行业中有多少企业家的收入进入全美前0.1%。你想知道是哪些领域吗？你可以在网上查看他们公布的表 J.3（见表 4–2）。[①]

表 4–2　百万富翁数量最多的 5 个行业 [6]

行业	收入进入全美前 0.1% 的企业家数量
房地产出租	12 573
与房地产相关的其他活动	10 911
汽车经销	5 236
医疗办公场所	4711
餐饮	4 471

注：对于应该选择哪个行业，这张表非常具有误导性。

以上 5 个行业的企业家最富有，不过，在选择最佳致富道路方面，这张表会误导人们，之后我会解释。

那每个人都应该辞职，去上述领域创业吗？开一家餐馆，你就能和那 4 000 多名餐馆老板一样富有吗？一个人用自己奶奶的食谱开了一家比萨店，难道不只为了追逐自己的梦想，还为了遵循数据科学？

并不是这样的。当我们给"适合创业的行业"下定义时，前面的表 4–2 会误导我们，因为它只显示了该行业内已经实现财富自由的人数，并没有考虑在这个行业里创业的总人数。有些行业的排名很高仅仅是因为该行业创业人员多、基数大，而

[①]　一个无聊的技术要点：本章其余部分的讨论对象均为 S 型公司，除非另有说明。S 型公司是指一种美国最流行的企业模式。

不是因为该行业创业成功率高。

说回餐饮行业。我根据公开的人口普查数据分析得出，开一家餐馆在美国是常见的创业模式。美国的餐馆数量超过 21 万，这意味着富有的餐馆老板（4 471 人）约占餐饮行业老板总人数的 2%。换句话说，开一家餐馆并不是致富的好选择。如果你遇到过很多富有的餐馆老板，这在很大程度上是因为餐馆老板的整体基数很大。

事实证明，有些行业的致富率要高得多。看看汽车经销，这是税收数据研究员在调查中发现的创业致富天花板行业。根据人口普查数据，目前全美只有 25 200 家汽车经销商。这意味着，富有的汽车经销商（5 236 人）约占汽车经销商总数的 21%。换句话说，如果一个人是汽车经销商，其进入全美收入排名前 0.1% 的概率大约是餐馆老板的 10 倍。

结合税收数据研究员的数据和人口普查的公开数据，我想找到最有可能让人致富的行业。[①] 我认为，确定一个行业是否为致富行业要看以下两点。

首先，要确保该行业至少有 1 500 名企业家收入排名进入

① 以防有人对该研究过程感兴趣，我要解释一下：我比较了税收数据研究员整理的表 J.3 和美国人口调查局对已有行业调查整理的 SUSB 年度数据表。前者按行业进行划分，记录了各行业中 S 型公司的企业家资产进入全美前 0.1% 的数据；后者按行业进行划分，记录了 S 型公司的总体数量。

前 0.1%。这意味着，许多人已经在这个行业里实现了财富自由。

其次，要确保该行业至少有 10% 的企业家收入排名进入前 0.1%。这意味着，该行业的许多创业者已经变得富有。

在数百个行业中，只有 7 个行业符合这两项标准，这些行业中既有大量的富人，也有很高的致富概率（见表 4-3）。

表 4-3　致富行业表

行业	该行业企业家收入进入全美前 0.1% 的比例
房地产出租	43.2%
与房地产有关的其他活动	25.2%
汽车经销	20.8%
其他金融投资活动	18.5%
独立艺术家、作家和演员	12.5%
其他专业、科学、科技服务	10.6%
日常小商品批发	10.0%

我们怎么理解这张表？

首先，让我们明确一些行业的定义。在进一步研究及与研究人员进一步沟通的过程中，提供"其他专业、科学、科技服务"的公司是指市场研究公司；"日常小商品批发"是指经销商，他们从制造商那里购买大量商品，然后卖给零售商。[①]数

---

① 这个网站搜集了关于如何开始进行批发分销业务的信息：https://emergeapp. net/sales/how-to-start-a-distribution-business/。

据显示，经销生意非常挣钱。如前所述，即便没有足够多的饮料批发商带领饮料批发冲上致富行业表，饮料批发商进入美国国民收入排名前 0.1% 的总人数也"严重失衡"。其他批发者也比大多数人有更多的致富机会。

"房地产出租"是指拥有房地产并将其出租的公司；"与房地产相关的其他活动"是指为他人管理或评估房地产的公司；从事"其他金融投资活动"的人主要管理并使用他人资产进行投资。

将与"房地产"相关的这两个领域结合起来，再配以更加专业化的表述，我们可以总结出致富概率最高的六大行业。

六大致富行业

- 房地产。
- 投资。
- 汽车经销。
- 独立创意。
- 市场研究。
- 其他商品经销。

怎么理解这六大致富行业？

投资和房地产榜上有名在我们意料之中。但是其他几个行业的入选，至少对我来说非常意外。商品经销？汽车经销？市场研究？在过去，自然没有人告诉我这些行业能够让人成为百万富翁。

说实话，我之前甚至没有听说过经销行业。我会把经销商和可疑的小贩联系在一起。我没办法相信市场研究比咨询更有利可图（然而事实确实如此）。

成为一个名人的想法有多疯狂

"独立艺术家、作家和演员"进入致富行业表让我感到非常震惊。我们习惯性地认为艺术家就应该穷困潦倒。（想想那些收入低下的艺术家常说的抱怨话。）此外，大数据告诉我们，类似于唱片店的大多数迷人企业都会迅速倒闭。那么，我们应该如何看待在收入排名前 0.1% 的企业家中，12.5% 为"独立艺术家、作家和演员"？

这在很大程度上是因为所谓的选择性偏差。选择性偏差是我们在分析数据时必须着重考虑的重要偏差。大多数独立艺术家、作家和演员"声量"不够，无法把独立的个人变成能产生税收的企业，那些苦苦挣扎的创意行业从业人员远没有达到"赢利"的标准，因此没有被记录在统计基数中。如果你把这部分人员也计算进去，那么一个创意行业从业人员大获成功的概率就会大大降低。（这种偏差不会对其他行业的统计造成太大影响，因为在其他行业中，有更多的个人能通过创办企业创收。）

不过，虽然选择性偏差人为地拉高了独立创意行业人士的成功概率，但在这一领域大获成功的实际可能性还是比我猜测的要大。创意行业从业人员当然能名利双收，但我猜测的成功概率为十万分之一，而实际概率可能比这更大。

税收数据研究员的数据显示，至少有一万名独立创意人士的收入进入了全美排名前1%。[7]那么，有多少人想要成为这个行业中的一员？

这里有一些信息相互矛盾。美国劳工统计局的数据显示，目前有51 880名"独立艺术家、作家和演员"，不过不是所有人都拥有自己的公司。而且，也有其他领域的人在创意领域有副业，创意领域的工作并非他们的主业。一项其他方的调查数据显示，在美国，有120万人以艺术工作为生。这表明，进入收入排名前1%的那一万名独立创意人士约占美国现有艺术家的1%。如果统计数据无误，那么在美国，通过成为一名艺术家实现收入排名前1%的概率和普通人是一样的。美国艺术专业的毕业生数量约为200多万，在某种程度上，他们都想成为这个行业中的一员，考虑到其中一些人或许已经放弃了这个想法，我们可以认为，大约每200人进入创意行业，就会有1人取得成功。

　　显然，我们还需要做更多的研究。结合一些新的税收数据与其他相关数据，我们可以发现，艺术相关的从业人员的成功概率在 1/200~1/100。对很多人来说，这个概率太小，不值得一试。但是，本书的第六章会向大家说明，一些事情可以助力艺术家取得成功。比如，研究人员发现，仅仅是在更大范围内展出艺术作品这种简单的事情，就会使艺术家取得成功的概率增加 6 倍。作为艺术家的你，如果根据数据研究得出的结论采取一些行动，那么你取得成功的概率会大幅提高，很有可能提升至 1/10。尽管仍有不成功的可能，但如果你想通过自己的爱好致富，这或许并不是一个可怕的赌注。

　　你可以这样理解我的心情：在看到这些数据前，我会对每一个想要成功的独立创意人士说，这样做太傻了，除非能有一个信托基金支持你的梦想。

　　但在看到这些数据后，我的回答则有两种。如果你不按照第六章提到的方法去做，那么试图成为一名成功的艺术家仍是一个愚蠢的想法，因为那些方法能够使一名艺术家取得成功的机会最大化。但如果你按照那些方法做了，尤其是在年纪轻轻时就做了，那么想成为一名成功的艺术家或许并不是一个疯狂的想法。我再说明确一点儿，你如果光凭想象，而不付诸努力，不创作大量作品，轻易错过任何有可能让自己取得成功的机会，那么你几乎永远不可能成为一名成功的艺术家。但如果这确实是你的现状，那么你最好还是拿个会计学位。如果你想成为一个独立创意人士，你愿意付出努力，创作大量的作品，努力抓住任何有可能让自己取得成功的机会，那么努力会给你的成功带来巨大的可能，但是你也必须接受你很有可能会失败。

这些数据显示，一个独立创意人士致富的概率比一些企业家还要高。再想想之前的研究发现，唱片店等诸多迷人企业都是最不成功的企业，这个对比会更加醒目。独立创意人士身上有什么特征是唱片店老板身上没有的，而这些特征可能会带来更多的财富？

独立创意人士与其他五大致富行业的人士共同指明了什么是真正适合创业的领域：大企业允许许多区域性垄断企业存在的领域。

避免价格竞争

大多数企业的老板并不是百万富翁。

例如，美国有 49 000 多家加油站，15 000 多家干洗店或洗衣店，还有 8 000 多家死亡护理服务企业。这些都是提供基本服务的实体企业。但数据告诉我们，它们并不能让企业老板成为富人。这些企业的老板几乎都不属于美国的最高收入人群。

事实上，税收数据研究员的数据告诉我们，成千上万的人在各种各样的领域创办自己的企业，但进入收入排名前 1% 的人寥寥无几，更不用说收入进入全美前 0.1% 了。

一些几乎不可能让人致富的行业

- 建筑设备承包。
- 住宅建筑。
- 汽车维修和保养。
- 住房买卖租赁服务。
- 建筑、工程和相关服务。
- 室内装修设计承包商。
- 个人护理服务。
- 加油站。

为什么六大致富行业能从所有行业中脱颖而出，其从业者致富的可能性如此之高？

是时候上一节无聊的课了，这一课程所属的行业比诞生了诸多百万富翁的行业更无聊，即我的博士学位课程：经济学。

课程编码为 101 的经济学课程告诉我们，根据定义，企业的利润是其收入减去成本。如果企业对产品的定价远远高于生产成本，那么它将获得可观的利润。但是，如果企业对产品的定价低于生产成本，那么它将无法获得利润。

经济学课程还告诉我们，一个企业要想赢利，是非常困难的。多数行业的多数企业其实都没有什么利润，税收数据研究员也发现，诸多行业的企业老板收入并没有那么可观。经济学家对此并不感到惊讶。

为什么企业赢利如此困难？

假设有一个叫萨拉的人，她的公司利润非常高。公司产品成本为每件 100 美元，公司每年以每件 200 美元的价格卖出一万件产品，每年可以净赚 100 万美元。

听起来还不错吧？

但她面临一个潜在问题。

假设有一个叫拉拉的人，她的年收入仅为 5 万美元。她也想要实现萨拉那样的收入。于是拉拉辞掉了工作，以 100 美元的成本制作萨拉公司的同款产品，但每件只卖 150 美元。现在，由于拉拉的产品价格更便宜，萨拉的顾客都涌向了拉拉，拉拉的年收入达到 50 万美元。萨拉的收入呢？她颗粒无收。

拉拉的生意红红火火，此时，一个叫克拉拉的人也决定下场分一杯羹。她的产品每件只卖 125 美元，于是拉拉的顾客都被吸引走了。克拉拉每年能赚 25 万美元。现在，萨拉和拉拉都破产了。

接下来会发生什么？不会再有新人加入故事了，因为押韵的人物名字被我用完了。但在现实世界中，这个过程将继续下去，千千万万个商人克拉拉不会因为名字不押韵而受到保护。

只有当没人能赚到足够的利润，这个行业再也无法吸引其他人进入，或再也无法让任何现存企业降低价格时，这个过程才会结束。在经济学中，这被称为"零利润定理"：价格竞争将会持续下去，直到利润为零。

任何想要创业的人都不应该小看零利润定理的作用。许多人希望通过创业致富，却发现自己陷入了残酷的价格竞争，最终只能勉强谋生。

这让我想到了几天前在纽约州北部火车站接我的出租车司机，他给我讲了他的经商生涯。差不多 25 年前，他就开始在家乡小镇上跑出租车，在火车站等待从纽约下班回家的人。有段时间，这个生意很稳定，他也过着安稳的生活。但后来，许多司机来这儿接单，包括许多要价比他低得多的穷人。现在，当纽约来的火车到站时，乘客会被大量出租车司机搭讪，而乘客通常只需要选择一个要价最低的。

现在，出租车司机基本上挣不到什么钱。而且，新冠肺炎疫情暴发后，他的生意彻底黄了，他只好搬回去和父母住在一起。

为了持续获得利润，企业家必须以某种方式避免竞争对手不停地压低价格，以防利润最终趋于零。那他们会采用什么样的方式？

六大致富行业的企业都有办法做到这一点。每一个创造了许多百万富翁的行业都为企业家提供了避免无情的价格竞争的方法。

最直接的方法或许是通过法律保护。事实上，这种方法可以解释我之前最不能理解的致富行业：汽车经销。

汽车经销受到严格的监管。在美国的很多州，汽车不能由汽车厂商直接经销（不过特斯拉目前正在挑战这一规定）。法律还禁止新公司经销特定公司的汽车。

这对买家是否有利还有待商榷。但我不是在写一篇法律论文，而是在写一本自助类的书。如果你的目标是变得富有，那么法律对竞争对手的限制显然对你实现目标有非常大的帮助。这就是为什么汽车经销商中有很多富人。

回想一下我在纽约遇到的那名出租车司机。在火车站旁边有很多和他一样的司机，提供同样的服务，并在价格上相互竞争。但对汽车经销来说，经销商受到法律保护——法律规定，紧挨着的两家汽车经销商不能销售同一品牌的汽车，这让汽车经销商比出租车司机好过得多。

法律保护也让啤酒经销成了一门好生意。在华盛顿州以外的美国其他州，啤酒经销商受到一个三级系统的保护。该系统建立于禁酒令废止后，它将生产商、经销商和零售商区分开。

法律禁止啤酒生产商自行销售啤酒。此外，在许多州，一个地区只能有一家啤酒经销商。

法律固然是限制价格竞争的一种方式，但还有其他方式可以限制竞争，如通过规模进行限制。我们一起来看看规模是怎么限制竞争的。

假设你所在的行业里有一种产品的生产难度极大，但只要能够批量生产，其成本就会变得极低。于是，其他人很难进入这个行业，定价也不太可能低于你的定价。

投资和市场研究就具有这种特点。找到正确的投资方式或深入了解一个行业非常困难。但是，一旦找到了正确的投资方式或者对一个行业了解得足够深刻，通过增加投资金额或将研究成果出售给同一行业的多家公司，你就可以很容易地扩大自己的产品规模。

研究数据表明，市场研究或许最能公平合理地带你走上致富之路。

假设你现在想进入一个领域。同时，你利用长期经验积累了独一无二的关于某市场的专业知识。这种专业知识之所以需要多年时间来积累，是因为它涉及行业市场中很多长期的、紧密的关联因素，还需要仔细搜集专门的数据。

你写了研究报告，以每月 5 000 美元的价格将产品卖给许多合作公司。你的竞争对手很难写出同样的报告并以更低的价格出售。竞争对手需要投入大量财力，才能建立与你相同的人脉网和数据集。这就像是你的生意周围有一条"护城河"。

另一种避免价格竞争的方式是建立一个大众喜爱的品牌，这是独立创意人士能做到的。"粉丝"愿意为他们喜爱的艺术家创作的作品支付额外的费用。对布鲁斯·斯普林斯汀的"粉丝"来说，他的音乐会不仅仅是一场普通的音乐会。即便另一个艺术家的音乐会票价更低，"粉丝"仍然会选择斯普林斯汀的音乐会。这种情况也适用于其余一万多名独立创意人士中的大多数。他们不是在商品化的领域工作，顾客不会只根据价格的高低来做选择。独立创意人士有"粉丝"，"粉丝"会为这些人的作品付更多的钱。

远离全球化商业巨头

六大致富行业都有避免价格竞争的方式，这使其企业能够保持赢利。然而，并不是所有能以某种方式避免价格竞争的行业都属于六大致富行业。

一些行业确实能够避免价格竞争，但这些行业会被一两家大型企业垄断，其他公司难以与之抗衡。比如运动鞋行业，一家知名运动鞋公司可以避免价格竞争，因为它拥有一个人们看重的品牌。例如，许多人会为耐克这个品牌而花更多的钱买一双运动鞋。

然而，运动鞋行业未能进入六大致富行业。来自税收数据研究员的数据显示，运动鞋行业的企业家鲜少成为富人的原因是，虽然这些企业可以通过强势的品牌避免行业内部的价格竞争，但这一优势牢牢地把握在少数大公司手里。耐克、锐步等一小部分公司可以请最好的运动员为它们的产品代言，并创造最大的品牌优势。

科技行业避免价格竞争的方式与运动鞋行业相同，都是由少数大型企业主导。操作系统和软件的设计极其复杂，但批量生产很简单，这就是一个天然的保护屏障。微软等全球化科技巨头雇用最好的员工，设计最好的软件，支付最多的广告费。因此，其他任何一家小公司都难以与其竞争。

当回顾六大致富行业时，我意识到这些行业中都有一些自然因素，这些因素阻止了巨头公司的垄断。

想想看，房地产非常依赖市场所在地。对一个全球化房地产巨头来说，它不可能了解每个当地市场的一切，也不可能与每一位当地政客接触。

投资行业和市场研究行业天然具有分散属性。投资公司有专业的特定投资策略，市场研究公司非常了解某个特定的市场。一个全球化巨头公司无法与这些专业公司抗衡。

法律保护汽车经销商和啤酒经销商不受全球化巨头的威胁。

经销商与当地的零售商均有私下联系，阻止了巨头公司在当地市场的竞争。至于艺术，某位艺术家的"粉丝"喜欢的是这位艺术家的作品，而不是世界上最受欢迎的艺术家的作品。

下表展示了垄断的范围（见表4-4）。

表4-4　垄断的范围

没有垄断	垄断了当地市场	垄断了全球市场
你会陷入残酷的竞争	你拥有足够多的致富机会	你被全球化巨头打败的概率会很大

那么，你能利用这些数据让自己变得富有吗？有些数据研究得出的方法并不可能实现。比如，在看到数据后，你决定要成为一名汽车经销商，走上致富的道路。但随后你可能会发现，目前拥有汽车经销权的人没有兴趣向你出售他们的汽车经销权。

也就是说，要想致富，你可以利用数据所反映出的内容来理解职业生涯的三大必问问题。

致富清单

1. 我有自己的企业吗？

2. 我的企业可以避开无情的价格竞争吗？

3. 我的企业所在的行业可以避免被全球化巨头垄断吗？

如果你对这个问题中任何一个问题的回答是否定的，那么你就不太可能成为富人。

当然，三个答案都是肯定的情况也并不多见，这不奇怪，因为很多人都求财而不得。值得庆幸的是，本书的第九章会告诉你，钱并不一定能让人感到快乐。那些让人快乐的事情——园艺活动、和朋友在湖边散步，成本很低，而且非常简单。用读书人的话来说，变快乐比变有钱容易得多。

而且说实话，我向你展示的仅仅是致富清单的一部分。在商业上取得成功还需要很多因素，企业家的素质就可以极大地改变成功的概率。数据也发现了这一点。

下一章

企业家进入的领域是他们能否取得成功的一个重要因素，但并不是唯一因素。即使在最容易致富的领域，也有人失败。在一个领域中，什么决定了一个人的成功？数据科学家最近深挖全球企业家数据集，并发现了一些令人惊讶的可以预测企业家能否取得成功的因素。

第五章

创业：如何走上成功之路

每一个有抱负的企业家都应该在办公室墙上挂一张托尼·法德尔[1]的海报。

某天，法德尔对家里笨重的温控器感到十分不满。因此，就像之前的许多企业家一样，法德尔利用新技术解决了这个让他（和其他数百万人）感到十分头痛的问题。

他创建了一家名为Nest的公司，开发了一种可编程的温控器。这种新型温控器基于温度传感器设计，可接入Wi-Fi（无线网络），并使用App控制，广受用户欢迎。

该公司就像其他许多科技公司一样，市值迅速增长。创办公司仅4年后，法德尔就以32亿美元的价格将Nest卖给了谷歌。

法德尔的故事中有几个重要启示，这些启示对任何一个企业家来说都非常有价值，所以我鼓励大家"在办公室墙上挂一张托尼·法德尔的海报"。数据告诉我们，法德尔的故事所反映的许多现象在成功企业家身上都能找到，即使这些现象可能违背传统认知。

首先是年龄。当法德尔创建 Nest 时，他不像那些天才少年一样，在学生时代就开始创业。相反，法德尔彼时已过不惑之年。

其次，在创建 Nest 前，法德尔就已经是一名受人尊敬的员工了。法德尔家族没有经商的经历，他本人也并不是天生的冒险家；但他也不是什么事业上的失败者，把创业当作最后一搏。法德尔在创建 Nest 前，曾在通用魔术公司做过软件诊断工程师，在飞利浦电子公司做过首席技术官，在苹果公司做过高级副总裁。换句话说，法德尔在创建 Nest 的时候，已经拥有了硅谷最漂亮的个人简历。

最重要的是，作为一名蓝筹股公司的员工，过去十多年的工作经验使法德尔具备了与自主创业相关的具体技能。当他想为世界创造一个不那么笨重的温控器时，他的过往经历已经为他坚持和实现自己的想法做好了准备。

法德尔在创建 Nest 时，利用了在通用魔术公司学到的产品设计经验，在飞利浦电子公司获得的团队管理和融资经验，在苹果公司获取的改善用户整体体验的经验。他还利用自己的人脉招募了一个团队，而他的大部分创业启动资金来自他在那三家公司任职期间的积蓄。

他还从他在二三十岁时犯的错误中吸取了许多教训。法德尔在《蒂姆·费里斯秀》的一期访谈中表示："我想在 20 多岁时尽可能直面挑战，这样随着年龄的增长，我才能更好地成长。"[2] 当他被任命为飞利浦电子公司的部门负责人时，他认为："我可能是世界上最糟糕的经理。"比如，他会傲慢地教训他的下属。但通过下属的反馈，他意识到，同理心对提升领导力非常重要。他意识到，从别人的角度看待问题，更容易说服他人采取最好的行动方针。当法德尔作为老板，需要在 Nest 领导自己的团队时，他已经吸取了这些教训，管理技能也得到了磨炼。

上一章讨论了纳税记录背后隐藏的信息。数据表明，创业是通往财富的最佳途径，数据还向我们说明了在哪些行业创业能创造更多的财富。但新的大数据集也告诉我们，无论你在哪个行业，有一些方法总可以让你创业成功的概率大幅提升。行之有效的方法之一是走法德尔的路：花多年的时间巩固专业知识和建立人脉网，同时在一个行业取得成功，然后在中年时开始独立创业。事实上，新的数据打破了一些关于企业家的神话。

神话一：年轻人的优势

说到成功的企业创始人，你第一个会想到谁？

除非你花了几分钟在谷歌上搜索如何制作托尼·法德尔的

海报，否则你想到的第一个人很可能是史蒂夫·乔布斯、比尔·盖茨和马克·扎克伯格。这些闻名世界的创始人都有一个共同点——在青年时期开始打造自己的商业帝国。乔布斯在21岁时创办了苹果公司，盖茨在19岁时创办了微软公司，扎克伯格在19岁时创建了脸书。

年轻人与成功企业家之间的这种关联并不是巧合。当媒体做新闻报道时，它们往往会关注年轻企业家。最近，有人调查研究了出现在两家著名商业杂志中的所有"值得关注的企业家"。这些特色鲜明的企业家的平均年龄为27岁——比乔布斯、盖茨和扎克伯格刚创业时稍大一点儿，但远不到中年。

风险投资人受媒体影响，接受了"年轻人更有可能创立一家伟大的公司"的说法。太阳计算机系统有限公司的联合创始人和风险投资家维诺德·科斯拉表示："35岁以下的人能带来改变……而45岁以上的人基本没有创新想法。"[3]著名创业孵化器 Y Combinator（Y 组合子公司）的创始人保罗·格雷厄姆认为，当一个企业创始人超过32岁时，投资人会"变得有点儿怀疑"。扎克伯格本人也说过一句很有名的话，这句话一如既往地体现了他的低情商："年轻人就是更聪明。"[4]

但事实证明，媒体报道的企业家的年龄并不具有代表性。在一项开创性的研究中，皮埃尔·阿祖莱、本杰明·F.琼斯、J.丹尼尔·金和哈维尔·米兰达（后简称 AJKM）等经济学家分析了 2007—2014 年美国每家初创企业创始人的年龄，研究样本数量高达 270 万人，这比商业杂志上的几十个样本更广泛、更有代表性。

研究人员发现，美国企业创始人的平均年龄为 41.9 岁，这个数据比媒体报道的创始人平均年龄大了十多岁。年纪稍长的人创业的次数没有大众想象的那么多，但他们比年轻一点儿的群体更容易创建一家利润较高的企业。AJKM 设计了多项指标来衡量一个企业成功与否，包括经营时长，以及在营收和员工方面是否跻身顶尖公司之列。他们发现，至少在 60 岁之前，企业创始人年龄越大，其企业获得成功的概率越大（见图 5–1）。

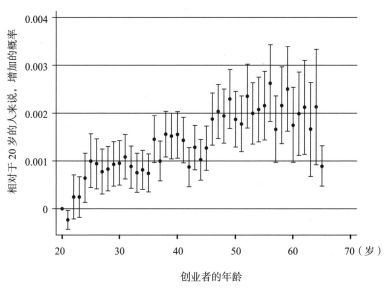

图 5–1　不同年龄的创业者的公司进入排名前 0.1% 的概率

一个 60 岁的初创企业创始人创建一家有利可图的企业的概率大约是一个 30 岁的初创企业创始人的三倍。

此外，在 AJKM 研究的各大领域，年纪稍长的创始人的创业成功率之高均令人惊讶，而且他们的成功并不为人熟知，甚至在科技行业也是如此。在人们心中，科技行业是与年轻企业家联系最紧密的行业，但研究人员发现，高利润率的科技公司的创始人平均年龄为 42.3 岁。这说明，媒体报道所宣传的"成功的企业创始人往往是年轻人"的说法被数据证明是错误的。

不过，年轻人更有可能在商业上取得成功，这不单单是媒体报道下产生的神话，还是一个具有危险性的神话。2010 年，由艾伦·索金担任编剧的传记剧情电影《社交网络》引起热议。这部电影讲述了一位不具代表性的年轻的成功企业家——扎克伯格在自己的宿舍里开发脸书的故事，收获了大量好评，票房超两亿美元。

其中一些影迷受电影影响，开始模仿影片中的男主角。一项研究发现，在该电影上映后的几年时间里，创业的青少年人数增加了 8 倍。[5]不管影片想要传递的是什么，它都罔顾了一个事实——青年创业就像一场可怕的赌博，或者，就像我常说的，数据表明《社交网络》电影中的创业奇迹是无法被复制的。

那么，为什么企业家往往在人生后半段取得成功呢？因为他们在年轻时往往在企业里学习多年，这与下一个关于成功企业家的神话有关。

神话二：局外人的优势

苏济·鲍蒂兹是美国最富有的女性之一。[6]她白手起家，自称她的成功之路有三个关键词：精油、试错实验和粪便。2007年，她发明了Poo-Pourri系列产品。当你在卫生间里喷洒相关产品时，排便的臭味就会被遮盖掉。

在一次晚宴中，当大家讨论卫生间的气味时，鲍蒂兹找到了她的"啊哈"时刻。（也有人这样描述：就像苹果砸在牛顿头上，让他想到万有引力一样，粪便的臭味刺激了鲍蒂兹的鼻子，让她想到Poo-Pourri。）在产生遮盖粪便气味的想法后不久，鲍蒂兹就开始工作了。她尝试了各种精油，直到最后，她偶然发现了一种能完美漂浮在水面上的混合物。她让家人试用各类样品，分析气味，最后从中选择了一件最能遮盖臭味的样品。

鲍蒂兹成功了。她还给产品搭配了一支"魔性"的广告——精致的红发漂亮女人说着黄色笑话，再加上美国人气最高的晨间节目《今日秀》的广告宣传，该产品成功走红。鲍蒂兹的净资产估计超过了两亿美元。（有人总结了鲍蒂兹的创业过程：从需要"谈论大便"到拥有可以任意挥霍的金钱，她花了不到 10 年时间。）

鲍蒂兹的致富之路上最突出的一点不仅仅是她所选择的行业——家居清洁用品，还有一点让人吃惊：她几乎没有什么相关经验。在鲍蒂兹刚开始进行实验时，她没有接受过任何化学专业训练，也没有日用品销售方面的经验。她在过往的职业生涯中也没有取得任何成功。在她和丈夫共同盘下新娘沙龙但经营失败后，鲍蒂兹甚至申请了破产。她也尝试过投资一个服装生产线，但也失败了；热水浴缸维修业务，也失败了；美黑沙龙，也失败了。

鲍蒂兹的成功模式是一种常见的模式吗？

大卫·爱泼斯坦的畅销书《成长的边界》[7] 中有一章名为"局外人的优势"，他提出了一个似乎违背直觉的想法：局外人通常在解决业内问题时更有优势。爱泼斯坦指出，许多业内问题阻碍了整个行业的发展，但被行业外的人解决了。例如，在 18 世纪早期，化学行业中亟待解决的问题之一是发明一种能有效保存食物的方法。世界上许多极具才智的化学家，包括近代化学的奠基人罗伯特·波义耳，都没能解决这个问题。最后，糖果师尼古拉·阿佩尔找到了解决方案：将食物密封在香槟酒瓶中，然后把酒瓶放到沸水中加热。阿佩尔根据他的发明开创了自己的事业，并取得了成功。

爱泼斯坦指出，行业内的人在遇到问题时，通常只知道尝试行业内以前奏效的方法。但创新往往需要新的思路，即局外人更有可能思考和尝试的方法。正如爱泼斯坦所说："有时行业内的人的思考可能会非常受限，因此，好奇的局外人才是唯一能看到解决办法的人。"

这种非同一般而又具有争议的理论会是真的吗？在创业中，局外人真的存在优势吗？像苏济·鲍蒂兹创业这样的故事很常见吗？如果一个人想创业，他是否应该关注专长之外的领域？在专长之外的领域，缺乏经验的人能与那些被行业限制的内部人士一较高下吗？

不要这样做，大数据再次明确地否定了这些尝试。

除了研究企业家的年龄之外，AJKM 还研究了企业家的就业历程，重点调查了他们之前是否在自己公司所属的同一行业工作过。例如，创立肥皂制造公司的人是否曾在一家肥皂制造公司工作过？研究人员还研究了企业家创立的公司的经营状况。比如，公司是否为该行业营收最高的前 1 000 名企业？

研究人员最终发现，创业过程中有巨大的"内部人士优势"。如果企业家之前在同一行业工作过，那么他们在该行业创业成功的概率大约是外行人的两倍，而且，他们以前的工作经验与创业的关系越直接，优势就越大。曾在肥皂制造业（垂直领域）工作过的人，比在食品制造业（横向领域）工作过的人更有可能在肥皂制造业取得成功。

在商业领域，深厚的领域知识储备不是诅咒，不会阻碍企业家创新。相反，在商业领域，成为一名优秀的内部人士对创业来说优势更大（见表5-1）。

表5-1　内部人士的创业优势

创业创始人的工作经验	企业进入收入最高的前1 000名企业的概率
没有在该领域工作过	0.11%
在同一个横向领域工作过，但没有在同一个垂直领域工作过	0.22%
在同一个垂直领域工作过	0.26%

神话三：边缘人的力量

苏济·鲍蒂兹在开始创业前，不仅仅是消除气味的化学剂领域的局外人，还是一个彻头彻尾的失败者（以传统标准来衡量）。回想一下，她多次创业失败，已经申请了个人破产，她连成功的边缘都碰不上。

那么，这里有一个奇怪的问题：鲍蒂兹的失败会是一种创业优势吗？

Y Combinator的创始人保罗·格雷厄姆也是一名优秀的作家。他曾写过一篇文章，名为《边缘人的力量》，内容引人入胜，且激起了广泛讨论。格雷厄姆在文章中指出，经常失败的人实际上在创业方面更有优势，"伟大的新事物往往来自'边缘力量'"[8]。

该文章以苹果公司创始人史蒂夫·乔布斯和斯蒂芬·沃兹尼亚克为例。格雷厄姆写道，乔布斯和沃兹尼亚克"理论上不可能"创立这家现象级的公司。当时他们是"两个大学辍学生"和"嬉皮士"，唯一的商业经验就是给电话系统安装破解工具"蓝盒子"。

格雷厄姆认为，像乔布斯和沃兹尼亚克这样的创始人取得成功并不是反常现象。他们表面上看起来毫无经验，最终却取得成功，是因为边缘人可能有惊人的商业优势。为什么这么说？因为内部人士可能会"被他们取得的成绩拖累"，他们会避免任何风险。相比之下，边缘人没什么可失去的，所以可以冒一切风险。

那么，这种具有一定争议、看似违背直觉的创业成功理论是正确的吗？

也不正确。"边缘人的力量"就像年轻人和局外人的优势一样，只是一个神话。

税收数据研究员调查了美国每家初创企业创始人在创业前的工资水平，并将该数据与他们所创立的企业的赢利数据进行了交叉分析。

这项分析可以确认格雷厄姆的理论是否正确，以及那些在创业前取得巨大成功的人是否真的很难创业成功。研究发现，事实与格雷厄姆的想法并不一致，传统意义上成功企业家的表现远远优于其他员工。

如下图所示，当创始人在创业前的收入进入其所在行业的前 0.1% 时，他们的创业成功率最高（见图 5–2）。这样的人很难被称作边缘人，你也很难说他们是那些不需要保护曾经的显赫地位的人。

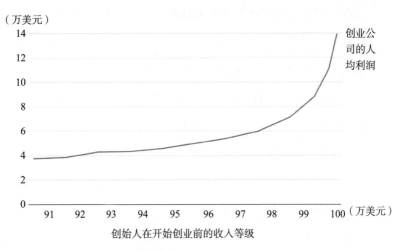

图 5–2　最成功的员工创办了最成功的公司

反-反直觉的想法

老实说，如果你退一步思考本章中的数据，你就会发现，结果并不让人感到意外。

数据科学家在挖掘了大量的新数据集后发现，企业家经过多年努力进入所在行业的顶尖行列后，在创业时更有可能成功。上面的图 5-2 也很直观吧？在一个行业内取得的成就不就应该与在该行业创业的成功率呈正相关吗？

虽然这些结论看起来属于常识，但由于它们与那些博眼球的故事完全相反，人们还是会被"年轻人的优势""局外人的优势""边缘人的力量"这三个创业神话洗脑。说实话，我非常喜欢这一章通过数据得出的结论，因为它们都是反-反直觉的。下面是这种观点产生的过程。

起初人们都有一些常识性的想法，比如，年纪大一点儿、聪明一点儿有助于创业。但有些人的故事与这种观点恰好相反。比如，以马克·扎克伯格为代表的年轻人取得了巨大的商业成功。这类故事因为有悖于常识与直觉而给人留下了深刻印象——"谁能想到一个 19 岁的孩子可以创建一家市值达数十亿美元的企业呢？"

人们喜欢讲述这些让人惊讶的故事，或者以此为故事原型拍电影。艾伦·索金拍的是《社交网络》，主人公是 19 岁的马克·扎克伯格。他拍的不是《温控器》，主人公也不是 41 岁的托尼·法德尔。

太多人都听到了太多如此令人惊讶的故事。这些故事一开始极具吸引力，部分原因是它们乍一听让人惊讶，但人们现在再听已习以为常。人们认为年轻就是创业的优势，"想想《社交网络》吧"。一些想法最初引人注目，是因为它们异乎寻常。创业家的故事被讲了太多遍后，现在人们认为这些故事再普通不过。

大型数据集非常具有代表性，其中的数据表示，引人入胜的故事和人物都是个例。有时数据还会告诉我们，一些事情即便违背直觉，已经形成思维定式，但其实也并不正确。当你了解了全球企业家的全貌，而不仅仅是经常被媒体报道的企业家时，你会看到年龄和阅历是创建一家成功的初创企业的优势。

你现在可能想知道我最喜欢的其他反-反直觉的观点是什么（也可能不想）。但不管怎样，以下是我最喜欢的大数据集，由此得出的结论推翻了目前流行的反直觉的观点，并让人们回归直觉。

- **NBA 球员更有可能来自双亲中产家庭。**确实有一些NBA 球员来自低收入或单亲家庭。正是因为出身贫寒之人取得如此巨大的成功非常不易，所以这类球员的故事被广泛报道。这让一些人相信，一般的家庭背景使篮球运动员有更多动力努力训练，并进入 NBA（这是一种反直觉的想法）。例如，在《最后一投》一书中，一名大学教练质疑郊区富人区的运动员是否足够"渴望成功"。然而，乔舒亚·谢吕尔夫·杜布罗和吉米·亚当斯的研究以及我的独立研究发现，绝大多数 NBA 球员来自中产阶级家庭（这是一种反-反直觉的想法）。[9]

• 笑话在人们快乐的时候而非悲伤的时候更好笑。当有人在悲剧发生的时候讲了一则笑话时，这个笑话会让人印象深刻。因为悲剧和笑话之间的对比非常强烈，我们在悲伤的时候更能注意到一些笑话。这让一些人认为，人在痛苦时可能比快乐时更能被笑话逗笑（这是一种反直觉的想法）。正如查理·卓别林所说："笑声能让人精神振奋，可以让人从痛苦中解脱出来。"但我研究了谷歌的笑话搜索情况。周一（一周中最悲伤的一天）时，笑话的搜索量最低；天气很冷的日子里，搜索量较低；在波士顿马拉松爆炸案等重大悲剧发生之后，笑话的搜索量直线下降。这些数据告诉我们，当事情进展顺利时，人们更有可能会笑（这是一种反-反直觉的想法）。[10]

• 智力越高，人在生活中越具有优势。很多人的生活都曾陷入混乱，但当一个非常聪明的人出现这种情况时，这会让人印象深刻。这些"显著"的例子被人们认为是"聪明反被聪明误"。《思维的精进》和《智力悖论》等畅销书中提到，智商太高会成为一种劣势（这是一种反直觉的想法）。但最近一项上万人参与的研究发现，智商高在生活中的几乎各个方面都是优势。智商达到多少后，它就不再是优势了？这样的分析没有意义。因为数据告诉我们，智商高一直是一个人的绝对优势（这是一种反-反直觉的想法）。[11]

信任数据：在成功之路上要有耐心

数据无视了那些不具代表性的创业成功案例被媒体广泛报道后所产生的影响。

当你完全不受这些影响时，当你有意识地分辨从媒体或亲朋好友处得知的故事时，当你仔细观察创业成功的真实数据时，你会得出一个公式，这个公式可以让创业成功的概率最大化：用多年时间学习一个行业的各种知识和细节，通过成为行业内薪水最高的员工来证明你的价值，然后再去创业，最终获得真正的财富。

这个公式并不一定最让人兴奋。如果你在 20 岁出头的时候掌握的技能不多，但你已经准备好创建一个商业帝国了，想到这儿，你可能才会有些兴奋。如果再随便混合一些你压根儿不了解的精油，不久之后你就会变得富有，想到这儿，你可能会更加兴奋。当你想到，你还没有在所处的行业内取得任何成功，但你已准备好创业并大干一场时，你会很兴奋。当你想到，你也许不需要真正了解一个行业，也不需要学习创业所需知识时，你可能会更加兴奋。但这些诱惑都是错误的，它们是神话中的成功，而不是数据科学显示出的成功。

成功的公式也不一定容易做到，它需要极致的自律。如果你遵循数据反映的创业成功方法——在二三十岁时掌握技能，在一个垂直领域证明你的价值，那么毫无疑问，你肯定会有机会在一夜之间取得成功。

虽然大多数人取得商业成功都需要人到中年，但一些著名的个例确实在更年轻的时候取得了更大的商业成功。虽然大多数人取得商业成功都需要熟练掌握一门行业的技能，但也有少部分人在自己不熟悉的行业赚到了钱。虽然大多数人取得商业成功都需要在行业里耕耘数十年，但少数企业家只靠运气也做到了。这些偶发的案例不能代表普遍的成功，但人们会被这些案例深深地误导，错误地理解成功，自然难以继续努力。

当你听到这些偶发的案例时，你可以再来看看这一章中展示的图表。如果你还是个书痴，那么你可以把这些图表都打印出来，挂在墙上，挂在托尼·法德尔的海报旁边。看一眼图表，再看一眼法德尔的海报，然后你就回去继续努力吧。

要相信数据！

下一章

　　如果一个人耐心地在一个垂直领域学习技能，然后再创业，那么他的成功率就会更高。但说实话，运气对于成功也很重要。在深入研究了数十万名艺术家的作品在销售方面的大数据后，研究人员可以告诉我们运气是如何发挥作用的。你还可以利用数据得出的结论，变得更加幸运。

第六章

运气：如何让运气为你所用

布赖恩·切斯基和乔·杰比亚相识于艺术学校，之后，两人一起来到旧金山并成为室友。2007年10月，两人没有找到工作，但想到了一个能够帮他们付房租的方法。当时，一场大型国际设计展即将在旧金山举办，由于酒店房间都被订满，切斯基和杰比亚计划将他们公寓里多余的充气床垫出租给那些找不到地方住宿的参展人员，并为他们提供早餐。

果然有一些参展人员租了床垫。切斯基和杰比亚对创业充满信心，不轻言放弃，这次尝试后，他们觉得自己可能发现了大商机：也许世界各地的人们都可以通过出租多余的充气床垫和提供早餐来赚钱。切斯基和杰比亚找来了内森·布莱卡斯亚克——他们共同的朋友，同时也是一位电脑天才。他们根据自己的想法建立了一个网站：Airbedandbreakfast.com。

在接下来的几个月里，切斯基和杰比亚毫无进展。有些人想出租他们的备用充气床垫，有些人需要一张床垫睡觉，但这些人的数量还不足以支撑起一家企业。很快，切斯基和杰比亚的信用卡贷款都超过了 2 万美元。布莱卡斯亚克作为唯一能够写代码的人，也放弃了这个项目，搬到了波士顿。

不过，切斯基和杰比亚从不缺乏斗志，他们出了几次差，希望能挽救他们的生意。他们去了得克萨斯州，参加了在奥斯汀举行的"西南偏南"多元创新大会和艺术节。他们觉得那里大量的参会人员可能会对其生意大有助力，但情况并非如此。不过，两个年轻人在硅谷遇到了迈克尔·塞贝尔。塞贝尔有深厚且广泛的人脉关系，切斯基和杰比亚后来与他成了朋友。

切斯基和杰比亚去丹佛参加了 2008 年美国民主党全国代表大会，他们认为城里有大量的客人，这可能会大大改善他们的生意，但情况并非如此。不过，这两个年轻人根据总统候选人的情况设计了两款麦片——奥巴马 O 麦圈（"改变的早餐"）和船长麦凯恩（"每一口都是特立独行"），并将其销售出去。值得注意的是，他们这次赚到了钱，偿还了债务。

但不管怎样，当切斯基和杰比亚在一个夜晚，遇到了在奥斯汀就对他们感兴趣的塞贝尔时，他们基本濒临破产。塞贝尔仍然对这两个年轻人印象深刻，建议他们申请加入 Y Combinator，这是他的朋友保罗·格雷厄姆在硅谷运营的创业孵化器。虽然申请的截止日期已过，但塞贝尔有足够的信心能够说服格雷厄姆看看他们的申请。这是切斯基和杰比亚的第一次重大突破。

格雷厄姆不喜欢切斯基和杰比亚的商业创意，但在格雷厄姆知道他们二人卖麦片的故事后，他对他们二人的勇气印象深刻。格雷厄姆给了他们两万美元的创业基金，这笔钱足以说服技术联合创始人布莱卡斯亚克重新加入，并能让这个团队多活几个月。

很快，创始人们就有了下一个重大突破。戴维·罗森布拉特是著名歌手巴瑞·曼尼洛的鼓手，他们即将开始巡演。罗森布拉特在听说了切斯基和杰比亚的网站后，想把自己的整个公寓都出租出去。网站创始人们最初拒绝了，原因是如果他不在当地，他就无法给租客提供早餐。

但罗森布拉特的想法确实让切斯基和杰比亚退一步思考，于是他们很快就有了所谓的"啊哈"时刻。两位创始人意识到，其实，只要把最初的想法稍加变动，他们就可以衍生出更大的商机：人们在离开自己的公寓后，把公寓租出去。

抛开充气床垫，抛开早餐，让世界各地的数百万人在他们因为各种原因——比如为巴瑞·曼尼洛敲鼓，离开自己的城市时通过出租自己的房子赚一些外快。

之后，Airbedandbreakfast.com 改名为爱彼迎，并立即获得了人们的关注。[1] 很少有人想在他们的公寓里摆一个充气床垫，并为游客提供早餐，这很正常。但事实证明，全球有数百万人想把空置的房间租出去。（对于爱彼迎的完整创业故事，利·加拉格尔的优秀著作《爱彼迎传》进行了详细描述。）

改名后，他们还剩下最后一个问题：资金。爱彼迎团队需要资金来维持他们的业务。但当时，全球都深陷 2008 年金融危机。世界各地的投资者都在减少投资，还有许多投资者告诉爱彼迎团队，酒店市场还不够大，爱彼迎还不值得他们投资。

很快，切斯基和杰比亚就迎来了最后的重大转机。有一天，红杉资本的合伙人、保罗·格雷厄姆的老朋友格雷格·麦卡杜来到了 Y Combinator。与大多数投资者不同的是，麦卡杜相信，此时是投资公司的好时机，因为其他投资者不敢轻举妄动。他还有一个理论，即在经济低迷时期，有斗志的人最有可能创办公司。而且非常巧合的是，他花了一年半的时间分析了度假租赁市场，在他的推算下，这个市场估值高达 400 亿美元，这远远高于其他人对度假租赁市场的预估。他与爱彼迎的团队见了面，并立即给了一张 58.5 万美元的支票。于是爱彼迎一方面有了人们需要的产品，一方面有了钱，能够继续将产品落地了。爱彼迎当时的估值达数十亿美元。

正如塔德·弗兰德在《纽约客》上写的那样，爱彼迎的崛起"似乎充满了运气"。爱彼迎创始人与塞贝尔在奥斯汀有一次幸运的会面，后来创始人在 Y Combinator 幸运地遇到了完美投资者麦卡杜。当然，遇到曼尼洛的鼓手也是他们的运气。如果曼尼洛不是在那个时间进行巡回演出，切斯基和杰比亚可能在破产前也不会发现正确的商业模式，而其他创业者可能在几年后建立这项业务。

成为亿万富翁的创业者和一生都在奔波劳苦的创业者之间的差距可能就在于巴瑞·曼尼洛的鼓手的一个想法。有时候，就在你快要破产的时候，巴瑞·曼尼洛会去巡回演出，这让你成为亿万富翁。

后来，山姆·奥尔特曼接替保罗·格雷厄姆，成为 Y Combinator 的 CEO，他已经见证了数千家初创企业的成功或失败，并总结了一套如何在硅谷创业成功的模式。2014 年，奥尔特曼在斯坦福大学的一次演讲中，将创业成功的公式总结为："想法 × 产品 × 执行 × 团队 × 运气，而运气是 0~10 000 的随机数。"[2]

数万名不知名的创业者或演员的运气值可能是 1 000，可能是 500，可能是 0。切斯基和杰比亚的运气值似乎是 10 000。

在某些圈子里，运气常常对成功起着巨大的作用。许多成功人士把他们的很大一部分成功都归于运气。诺贝尔经济学奖得主、经济学家、《纽约时报》专栏作家保罗·克鲁格曼这样评价自己的成功："我很幸运能在正确的时间出现在正确的位置。"演员约翰·特拉沃尔塔认为他的成功是因为"我很幸运"。演员安东尼·霍普金斯也是如此，他说："我觉得我很幸运。"

但我们是否夸大了运气在生活中的作用？一些有趣的数据表明，运气在生活中扮演的角色可能比我们一些人想象的要小。大量研究发现了一些迷人的行为模式，这些模式似乎总是能给人带来好运。

早期基于数据分析的、关于运气的重要研究之一是商业研究人员吉姆·柯林斯和莫滕·T.汉森进行的一项研究。虽然他们的研究集中于运气如何影响大公司，但他们的研究结果对理解每个行业的运气都有启发。[3]

柯林斯和汉森首先搜集了一份所谓的"10倍速公司"名单，它们是历史上最杰出的公司。要想进入10倍速公司俱乐部，一家企业必须在很长一段时间内比股市上的同行强至少10倍。获得资格的公司包括1980—2002年的安进公司、1968—2002年的英特尔公司，以及1965—2002年的前进保险公司。

接下来，研究人员给每家10倍速公司安排了一家对比组公司，两家公司属于同一个行业，起步规模相似，但对比组公司从未优于它的同行。安进公司的对比组公司是基因泰克；英特尔的对比组公司是超威半导体公司；前进保险公司的对比组公司是萨菲科保险公司。

然后，研究人员仔细研究了他们能找到的关于这两组公司的所有文件，想要找到 10 倍速公司的"运气事件"。他们想看看 10 倍速公司比对比组公司多了多少好运气。

在研究人员看来，运气事件应有以下三个属性。

1. 事件的重要方面与企业中关键角色的行动基本没有关系或完全没有关系。
2. 事件具有潜在的重大后果（好的或坏的）。
3. 事件具有不可预测的要素。

研究人员确实在 10 倍速公司中发现了许多运气事件。他们发现，每家 10 倍速公司中平均有 7 次运气事件完全不受公司控制，但显著推进了公司业务的发展。

例如，在研究安进公司时，研究人员发现安进公司的成功在很大程度上是因为一位名叫林福坤的中国台湾科学家。林福坤无意间看到了安进公司的招聘启事，并投递了简历。林福坤是个天才，他坚持不懈地进行着他的研究，最终发现了促红细胞生成素的基因蓝图。促红细胞生成素是一种促进肾脏产生红细胞的糖蛋白细胞因子。林福坤的研究发现了生物技术史上最赚钱的药物之一——依泊汀。如果林福坤没有偶然发现那则招聘启事，安进公司可能永远不会发现依泊汀，也不会成为 10

倍速公司，那样的安进公司会与现在的安进公司有天壤之别。

安进公司似乎很幸运。对安进公司来说，它可能会轻易地认为公司的发现非常幸运。安进公司的竞争对手在注意到林福坤发现的机遇后，也会很轻易地得出结论："嗯……是安进公司偶然发现了林福坤，而我们没那么幸运罢了。"

如果柯林斯和汉森只研究了10倍速公司，那么他们可能会得出结论，即每一家成功的公司都非常幸运。但他们不仅仅研究了10倍速公司，还研究了这些公司的对比组公司。

柯林斯和汉森发现，尽管对比组公司从未超越同行，但在它们的发展历程中也有很多次运气事件。例如，基因泰克率先得到美国食品药品监督管理局批准，上市了一种通过基因重组生成的人工合成胰岛素。如果他们的动作有些许延迟，那么另一家公司很可能会抢占先机，夺得这个利润丰厚的市场。事实上，柯林斯和汉森发现，安进公司和基因泰克的运气事件数量大致相同。

柯林斯和汉森得出的研究结论是，在各行业的公司中，10倍速公司和1倍速公司的运气事件数量，从统计学看，并没有显著差异。10倍速公司平均约有7次运气事件，1倍速公司平均约有8次。

柯林斯和汉森得出结论，即成功公司的运气并不比其他公司好；它们只是能够更好地利用所获得的运气，利用任何一家公司都能遇到的运气。

柯林斯和汉森提出了一个非常重要的观点。几乎每个人在一生中，都会偶然遇到一些机会。如果一个人从来没有遇到能帮助自己的人，自己的搭档也不是天赋异禀的人，也从来没有人需要自己的技能，那么这个人就或许称得上有史以来最倒霉的人。生活中的运气包括许多看似偶然的机会。更成功的人或组织会意识到这些偶然的机会并充分利用它们。

再回到爱彼迎的例子中。这个故事说明了运气对一个企业来说有多么重要。当然，爱彼迎确实遇到了一些偶然的机会，但他们也好好利用了自己得到的运气。有多少不成功的公司在破产时没有通过卖麦片来赚钱？有多少不成功的公司没有建立人脉网络，找到帮助公司渡过难关的贵人？有多少不成功的公司知道自己需要一笔启动资金但并没有申请加入创业孵化器？有多少不成功的公司在意识到当前的想法无效后，没有转向一个新的想法？

爱彼迎并不是异常幸运。他们只是利用了任何努力工作的人都可以期待的运气。而且，虽然过去的爱彼迎或许非常幸运，但当新冠肺炎疫情影响了旅游行业时，爱彼迎遇到了不同寻常的坏运气。

在新冠肺炎疫情开始后不久，爱彼迎的预订量下降了72%，公司估值从310亿美元降至180亿美元，被迫暂停了

IPO（首次公开募股）。[4] 但是，就像所有非常成功的企业一样，爱彼迎也擅长应对不幸。他们迅速削减了成本，并将重心转向长租市场。他们还向被辞退的员工提供异常慷慨的遣散费，给客人退款，获得了媒体的正面报道。爱彼迎没有抱怨他们在IPO前夕遭遇了疫情这件事有多么不公平，而是努力解决疫情带来的诸多问题。到2020年底，该公司意外实现赢利，IPO估值超过了1 000亿美元。[5]

柯林斯和汉森的研究表明，我们看到了成功人士或组织的好运，但这种运气能发挥作用则依赖于良好的决策。这表明，成功人士或组织所做的事情会让他们变得更幸运。事实上，新的研究已经发现了一些创造运气的策略，其中很多研究关注的是艺术领域的成功。正如我从数据科学驱动下的迷人研究中总结出来的那样：运气发挥作用需要依赖一些模式。

艺术，一个学习如何把握运气的行业

美国东北大学的物理学家艾伯特-拉斯洛·巴拉巴西在《成功公式：成败背后的科学》一书中探索了成功背后的数学公式。他指出，各个行业之间的不同主要在于行业如何衡量一个人的工作表现。巴拉巴西特别指出了体育行业和艺术行业之间的明显区别。[6]

在体育行业中，确定一个运动员是否优秀非常容易。迈克尔·乔丹在其巅峰时期显然是世界上最好的篮球运动员，因为他得分更多，并带领球队获得了更多次冠军。迈克尔·菲尔普斯在其巅峰时期显然比其他人游得更快。尤塞恩·博尔特显然比其他人跑得都快。

像我这样的体育迷可能会决定在高中时放弃社交活动，通过搜集和处理新的统计数据，尝试确定传统观点下第100强的棒球运动员实际上是否为第86强。但我们一般都同意，美国职业棒球大联盟球员和小联盟球员之间存在差距。总的来说，世界上最好的运动员都已被发掘出来，并拥有了展现身手的机会。

但艺术家的情况有所不同。在艺术行业中，评估一件作品的质量相对较难。外行人甚至艺术评论家有时都很难评价其艺术水平。《华盛顿邮报》的专栏作家吉恩·温加滕说服了世界著名小提琴演奏家乔舒亚·贝尔，让他在华盛顿特区的一个地铁站假扮成一名街头艺人。在路过的1 097个人中，只有7个人停下来聆听贝尔拉琴。[7]另一个富有创新精神的记者奥克·"达克"·阿克塞尔松让一只4岁的黑猩猩画了一幅"现代派画作"，然后发现许多艺术评论家都称赞了这幅画。

你身边应该也有那种不成熟的、讨人嫌的人吧？他们在博物馆看画作，尤其是现代派画作时，会说"不明白这有什么好的"。我就是这种人。但研究表明，我的反应有科学依据。

在难以评价一个人表现好坏的领域里，有两个突出的效应。

蒙娜丽莎效应：最受欢迎的作品最幸运

我将第一个效应称为蒙娜丽莎效应。你肯定能猜到，我以《蒙娜丽莎》这幅作品命名了这个效应。蒙娜丽莎效应是指不可预测的事件对成功产生很大的影响。[①]

这么说是因为《蒙娜丽莎》成为世界上最著名的画作得益于一个不可预测的事件。你可能会认为《蒙娜丽莎》是世界上最著名的画作得益于它的一些特点：画中之人的眼睛（不管你从什么角度看向她，她似乎都在回望你）；神秘的微笑；面部特点（高额头和尖下巴，一个似乎很容易让人爱上的普通女人的形象）。

但实际情况是，在卢浮宫展出这幅画的前 114 年的大部分时间里，《蒙娜丽莎》——有着同样的眼睛、微笑和面孔的《蒙娜丽莎》，只是诸多伟大画作中的一幅。它日复一日地挂在卢浮宫的墙壁上，并未从博物馆里的其他世界级艺术品中脱颖而出。

---

① 蒙娜丽莎效应的另一个含义是：不管你站在何处，画中人物的目光总是会追随着你。

接下来是本书中描述的第一个真实犯罪案件！

1911 年夏末的一个周二上午，一名警卫走进卢浮宫后，发现《蒙娜丽莎》不见了，只剩下了 4 个用来固定它的挂钩。[8]

到了晚上，法国当时的主流报刊《时报》（现《世界报》）的特别版报道了这一事件。第二天，失踪的《蒙娜丽莎》成为世界各地报纸上的头条新闻。

如果人们事先不知道《蒙娜丽莎》，他们会假装知道；如果人们对画作的丢失并不感到震惊，他们会假装震惊。"《蒙娜丽莎》怎么了"成为一种世界级的现象，因为媒体对这幅画作的关注度堪比它们对战争的关注度。

一开始，警方怀疑是一个德国小男孩偷了作品。这个小男孩曾多次参观博物馆，警方认为他可能痴迷于达·芬奇这幅画作中的女人，因此偷走了画。值得注意的是，人们对这个小男孩表现出极大的同情。当时的一些思想领袖认为，这个小男孩如此热爱这幅画，他或许有权利得到它。

调查还一度集中在美国银行界巨头 J. P. 摩根身上。许多法国人认为，只有他会厚颜无耻地做出这种事情——独享《蒙娜丽莎》。当人们发现盗窃发生时，摩根正在意大利度假，媒体对他穷追不舍。

还有一段时间，警方的调查集中在包括巴勃罗·毕加索在内的一群艺术家身上。当时，毕加索领导着一群年轻的现代派艺术家。警方线人发现，这个团体认同艺术家必须"弑父"，于是认为他们可能策划了这次盗窃，作为对文艺复兴时期艺术的最终谋杀。

和大多数真实的犯罪案件一样，案件的真相不如传言吸引人：《蒙娜丽莎》丢失的真相是，卢浮宫的一名低级员工偷了这幅作品，原因是这样可以让他的一个朋友临摹的《蒙娜丽莎》画作增值。在他把画偷走两年后，警方发现他试图将画卖给一家意大利的画廊。因此，警方抓到了这个笨手笨脚的罪犯。

但是，不管这个案件的发展如何虎头蛇尾，《蒙娜丽莎》在这两年时间里获得了前所未有的宣传。当这幅画重新回到卢浮宫时，人们蜂拥而至。每个人都想看到他们常有耳闻的作品是什么样子的。人们觉得，这幅画多么非凡啊，J. P. 摩根都想将它据为己有，毕加索都想把它从世界上除掉。现在，许多人都到卢浮宫驻足欣赏《蒙娜丽莎》的眼睛、微笑和面孔。

一个看似随机的事件——一起没有人能预料的盗窃案——将《蒙娜丽莎》从数千幅备受赞誉的画作中挑选了出来，使《蒙娜丽莎》变成了世界上最著名的画作。如果那起盗窃案从未发生，那么《蒙娜丽莎》可能和卢浮宫中的诸多画作一样，被大多数来巴黎度假的游客匆匆浏览一下。

如果这起盗窃从未发生过，那么《蒙娜丽莎》就只是一幅画，一幅我们全家在 1996 年去巴黎时我会忽略的画作。当时我大发脾气，抱怨我远在新泽西的兄弟姐妹不用和父母一起去博物馆，加勒特和迈克可能正在看纽约大都会队的棒球比赛，为什么我必须待在这个愚蠢国家的愚蠢城市的愚蠢建筑里，看着墙上挂着的愚蠢东西。这就是蒙娜丽莎效应。

达·芬奇效应：你创造了什么并不重要，重要的是你的身份

当我们难以判断一个人的工作表现时，就会出现第二个效应——达·芬奇效应。[9]该效应由杰夫·奥尔沃思在 2017 年的一篇博客文章中首次提出。达·芬奇效应是指，艺术家的一次成功会给他带来更多次成功。人们愿意花更多的钱购买已经成名的艺术家的作品。

事实上，当专家们对某件艺术品的作者是谁的看法发生转变时，这件艺术品的价值会随之发生巨大变化，这样的例子有很多。例如，《救世主》[10]是一幅关于耶稣的画作。2005 年，它的价格还不到一万美元。仅仅 12 年后的 2017 年，它的价格就涨到了 4.503 亿美元，成为全球最贵的艺术品。是什么导致《救世主》的价格在这么短的时间内上涨了这么多？在这 12 年里，专家们经过研究认为，这幅画是由达·芬奇所作。换句话说，明明是同一幅画，仅仅因为其作者是达·芬奇，画的价值

就能增加到原来的大约 4.5 万倍。

在这样一个充斥着蒙娜丽莎效应和达·芬奇效应的世界里，那些想成为伟大艺术家的人要如何工作呢？多数人应对这些效应的方式是抱怨。"生活太不公平了！""那个作品哪有我的好！"

通常情况下，我完全赞同这样的抱怨，而且我认为这是我应对成年生活的主要机制。然而，我必须承认一点，这些抱怨在数据面前没有意义。科学家发现了一些成功艺术家的发展模式，这些艺术家找到了让艺术成功的随机性服务于他们的方法。此外，与特定的绘画或演唱技巧不同，艺术家获得超额运气的技巧也可以为非艺术家所用。

斯普林斯汀定律：四处旅行，寻找你的运气

研究"成功背后的数学"的物理学家巴拉巴西和塞缪尔·P. 弗雷伯格领导的科学家团队，共同研究了艺术界的成功都有哪些特点。[11] 他们与一款名为 Magnus 的软件合作，利用软件搜集的画家展览和拍卖信息，创建了有史以来最棒的艺术成果数据集之一。

这个数据集包含 496 354 名画家的职业发展轨迹数据。科学家们清楚地知道每一名画家的多数画作在什么地方展示，以

及多数作品的售卖价格。

研究人员先用数据证明了达·芬奇效应。他们发现，一名画家在一家非常著名的画廊展出自己的作品后，这名画家事业成功的概率大幅上升。在纽约的古根海姆博物馆或芝加哥的艺术学院博物馆等顶尖博物馆展出过作品的艺术家，10年后仍有39%的概率在那里展出作品。超过一半的此类艺术家之后可以继续在较著名的画廊展出作品。他们一件艺术品的平均最高售价为193 064美元。对那些未曾在著名画廊展出过作品的艺术家来说，他们的前景就不那么乐观了。86%的此类艺术家在行业内的从业时间不超过10年。89.8%的人在职业生涯结束的时候也无法跻身顶级画廊。他们一件艺术品的平均最高售价仅为40 476美元。

科学家们指出，一旦你的作品在一家著名画廊展出过，你就会成为一名圈内艺术家，并得到一种担保。博物馆馆长会很乐意展出你的作品，人们会很乐意购买你的作品。数据集中的数据清楚地表明这些幸运儿过上了轻松的生活，越来越多的成功和金钱涌向他们。

当听到一名已有担保的艺术家成功后有多么风光时，人们很容易感到恼火并抱怨。"我的作品比那个人的要好，"一名被圈内人排斥的圈外艺术家可能会这么说，"人们买他的作品只是因为他进入了这个圈子。"但这种抱怨忽略了一个关键事实：

圈内艺术家原来也都是圈外艺术家。他们必须做些事情，让自己成为事业如日中天、被圈内人接受的艺术家。

这就是弗雷伯格团队对画家职业生涯的研究变得有趣的地方。他们发现，那些成功地从圈外艺术家转变为圈内艺术家的人都有一个方法——早期坚持不懈和一刻不停地转场。

研究人员发现，圈外艺术家可以分为两类。第一类人在同一个画廊一次又一次地展示他们的作品。第二类人在世界各地的画廊展示他们的作品，不过那时，古根海姆博物馆不会展出他们的作品（因为他们还不是圈内人士）。但第二类寻找运气的艺术家瞄准了其他画廊。

为了更好地了解两类艺术家的区别，以下是两类艺术家作品展出表的示例。首先是第一类艺术家，即从未完全取得突破的圈外艺术家（见表 6–1）。

表 6–1　第一类艺术家在年轻时的作品展出表[12]

展出日期	城市	国家	展出机构
2004-02-13	怀塔克雷	新西兰	Corban Estate Arts Centre（CEAC）
2005-02-15	赫恩海湾	新西兰	Melanie Roger Gallery
2006-03-14	赫恩海湾	新西兰	Melanie Roger Gallery
2007-04-17	赫恩海湾	新西兰	Melanie Roger Gallery
2007-10-02	赫恩海湾	新西兰	Melanie Roger Gallery
2008-04-15	赫恩海湾	新西兰	Melanie Roger Gallery
2008-07-05	下哈特	新西兰	The Dowse Art Museum
2008-09-09	赫恩海湾	新西兰	Melanie Roger Gallery

展出日期	城市	国家	展出机构
2009-02-11	赫恩海湾	新西兰	Melanie Roger Gallery
2009-08-29	克赖斯特彻奇	新西兰	Christchurch Art Gallery Te Puna o Waiwhetu
2009-10-21	赫恩海湾	新西兰	Melanie Roger Gallery
2010-11-24	赫恩海湾	新西兰	Melanie Roger Gallery
2010-11-30	惠灵顿	新西兰	Bartley and Company Art
2011-01-26	赫恩海湾	新西兰	Melanie Roger Gallery
2011-10-04	惠灵顿	新西兰	Bartley and Company Art

我们可以注意到，第一类艺术家通常在其祖国的同一地方反复展示作品。接下来是第二类艺术家的作品展出表。以德国艺术家大卫·奥斯特洛夫斯基为例，他最终实现了突破（见表6-2）。

表6-2　第二类艺术家在年轻时的作品展出表

展出日期	城市	国家	展出机构
2005-10-19	科隆	德国	Raum für Kunst und Musik e.V.
2005-11-13	奥伊彭	比利时	IKOB—Museum für Zeitgenössische Kunst Eupen
2006-10-20	卡尔弗城	美国	Fette's Gallery
2006-10-25	科隆	德国	Raum für Kunst und Musik e.V.
2007-09-03	杜塞尔多夫	德国	ARTLEIB
2007-12-07	科隆	德国	Raum für Kunst und Musik e.V.
2008-09-07	杜塞尔多夫	德国	First Floor Contemporary
2008-10-11	台北	中国	Aki Gallery
2010-06-26	杜塞尔多夫	德国	PARKHAUS im Malkastenpark
2010-07-03	赫尔辛格	丹麦	Kulturhuset Toldkammeret

展出日期	城市	国家	展出机构
2010-11-13	温哥华	加拿大	304 days Gallery
2011-02-25	慕尼黑	德国	Tanzschule Projects
2011-03-06	海牙	荷兰	Nest
2011-06-23	科隆	德国	Philipp von Rosen Galerie
2011-07-01	柏林	德国	Autocenter
2011-11-18	汉堡	德国	salondergegenwart
2011-12-02	科隆	德国	Mike Potter Projects
2011-12-03	阿姆斯特丹	荷兰	Arti et Amicitiae
2012-01-28	科隆	德国	Berthold Pott
2012-02-25	苏黎世	瑞士	BolteLang
2012-03-02	科隆	德国	Philipp von Rosen Galerie
2012-03-03	阿姆斯特丹	荷兰	Amstel 41
2012-03-09	科隆	德国	Koelnberg Kunstverein e.V.
2012-03-22	伦敦	英国	Rod Barton
2012-03-24	科隆	德国	Jagla Ausstellungsraum
2012-04-16	科隆	德国	Kunstgruppe
2012-04-19	科隆	德国	Philipp von Rosen Galerie
2012-04-26	柏林	德国	September
2012-04-28	莱比锡	德国	Spinnerei
2012-07-10	纽约	美国	Shoot the Lobster
2012-07-21	杜塞尔多夫	德国	Philara–Sammlung zeitgenössischer Kunst
2012-10-18	洛杉矶	美国	ltd los angeles
2012-11-03	苏黎世	瑞士	BolteLang
2013-01-15	米兰	意大利	Brand New Gallery
2013-03-01	柏林	德国	Peres Projects
2013-03-07	科隆	德国	Kölnisches Stadtmuseum
2013-04-01	布鲁塞尔	比利时	Middlemarch
2013-04-03	圣保罗	巴西	White Cube

值得注意的是，奥斯特洛夫斯基与第一类艺术家不同，他在不同国家的不同画廊展示过作品。他"早期坚持不懈和一刻不停地转场"，不放过任何一个机会，不管他需要去多远的地方。

　　弗雷伯格和他的团队发现，像奥斯特洛夫斯基这样的在众多画廊展出作品的第二类艺术家，他们长期从事艺术行业且走向成功的可能性是第一类艺术家的 6 倍。

　　为什么在世界各地的画廊展出自己作品的艺术家更容易成功，而那些只在一个地方展出作品的艺术家更不容易成功呢？

　　研究人员在数据中惊讶地发现，有些画廊非常支持艺术家发展。这类画廊，包括洛杉矶哈默博物馆、伦敦迪金森画廊和圣保罗白立方画廊，都不算是最著名的画廊。当时，研究人员也没有办法预测哪些画廊能给艺术家们带来机会。但那些四处转场的画家可能会偶然发现其中的一家画廊并得到机会。没有四处转场的圈外艺术家则找不到这些能给他们带来机遇的展览。

　　当我知道弗雷伯格和他的团队在对艺术家的大数据进行研究时，我正在看布鲁斯·斯普林斯汀主演的电影《斯普林斯汀：百老汇音乐会》。斯普林斯汀讲述了他 21 岁时的经历。当时，他已在家乡泽西肖尔的酒吧里磨炼摇滚乐演奏技巧多年。在那样年轻的年纪，斯普林斯汀凭借直觉意识到了弗雷伯格等人通过大数据得到的发现：光有天赋是不够的，他必须迅速行动起来，才能被人发现。以下是斯普林斯汀对他当时所面临的问题的描述。

> 在听收音机的时候，我觉得"我也很擅长那个""我比那个人更好"。所以，为什么不是我呢？因为我住在乡下。这里没有人听，也没有人来这里听，这里就是个坟墓。谁会来泽西肖尔发现 1971 年的下一个巨星？没一个人。[13]

斯普林斯汀差点儿成为第一类艺术家——在同一个地方反复展示作品，希望有人能看到它们。不过，斯普林斯汀意识到了自己的问题并知道要如何解决，他努力让自己成为第二类艺术家——在世界各地寻找演出的机会。

在一次节目中，斯普林斯汀描述了他在 21 岁时和乐队开的一次会议："我把朋友们叫到一起，然后我说：'如果想让别人听到我们的声音，想让别人认识我们，我们就要离开泽西肖尔，然后去未知的世界冒险。'"

通过一个在旧金山有关系的朋友，斯普林斯汀受邀参加了在加州大瑟尔举行的一场新年演出，为期三天。为此，他和他的乐队开着旅行汽车穿越全美，除了中途停下来加油，其余时间一直在赶路。

在接下来的几年时间里，斯普林斯汀过着第二类艺术家的生活：周游全美，参加他能参加的任何演出，与音乐家见面，偶尔得到制作人的一次试唱邀请，然后被拒。最后，斯普林斯汀通过在旅行中认识的一位音乐家朋友，与一位制作人见了面；这次，他得到了一次在纽约哥伦比亚唱片公司试唱的机会，并成功签下了他的第一个唱片合约。现在他已经进入了"圈子"，而且事业达到了顶峰。如今，人们之所以想听他的歌，仅仅因为他是布鲁斯·斯普林斯汀。但当他默默无闻的时候，没有人想听他的歌，因为他只是一个来自泽西肖尔的无名无姓之人。

我们倾向于认为，布鲁斯·斯普林斯汀之所以是布鲁斯·斯普林斯汀，是因为他的歌词富有诗意，他的音乐充满活力；我们认为演唱如此有力的一个人一定是世界著名艺术家。这些都很有必要，但还不够。布鲁斯·斯普林斯汀是布鲁斯·斯普林斯汀的另一个原因是，他在 21 岁的时候，愿意开车穿越全美，只为参加一场新年演出，让别人听到他的作品。可能有很多艺术家的才华不逊于斯普林斯汀，但他们就像科学家通过 Magnus 上的数据发现的第一类艺术家一样，一直在自己家乡的同一地方表演，等待别人发现自己，最终也没有被发现。要成为一名成功的艺术家，你需要的不仅仅是天赋，你必须是那种"如果有更好的机会展现自己，你就愿意开车穿越全国去抓住这些机会"的人。斯普林斯汀、大卫·奥斯特洛夫斯基以及其他许多成功的艺术家，都是自己争取运气。

由大数据揭示的艺术家的发展之路，在许多其他领域也有所体现。

如果你所处的行业是一个全部为精英的行业，那么为了寻找机会而四处转场并不是必要的。世界上最有前途的橄榄球运动员可以在他们大学的试训中大展身手，让所有球探的目光都聚焦在他们身上。

但更多的行业更像艺术，而不是体育。如果你所处的领域很难量化你的表现，那么艺术家取得成功的方法就能够帮你在这个领域里取得成功。

如果你还没有找到那个能改变人生且容易实现的机会，那么你就不应该坐以待毙，不应该像大数据发现的那些没有取得成功的艺术家一样。你不应该在那些不赏识你且与你没有联系的高层手下工作。你应该离开那些即使有才华的人也停滞了几十年而无法前进的地方。如果你工作的地方不像哈默博物馆，不像迪金森画廊，也不像白立方画廊，那么你就该跳槽了。如果运气还没有在你所在的地方找到你，那么它未来也不太可能在同样的地方找到你。

去游历吧，去寻找你的运气！

毕加索定律：越努力越幸运

有一项研究现在已成为传奇，在该研究中，加州大学戴维斯分校的杰出心理学教授迪安·西蒙顿发现了一种有趣的联系。一名艺术家的作品越多，热门作品也就越多。[14]西蒙顿发现，艺术作品的数量和质量之间的关系，在不同的行业有不同的衡量方式。

许多有史以来最著名的艺术家著作等身，他们的成功也建立在数量庞大的作品之上。

正如亚当·格兰特在他精彩的著作《离经叛道》中所写的那样，莎士比亚在20年间写了37部戏剧，贝多芬写了600多首作品，鲍勃·迪伦写了500多首歌。但也许没有哪位艺术家比毕加索更高产。毕加索画了1 800多幅油画和12 000多幅素描，不过只有少数作品闻名于世。

为什么艺术作品数量多能够很好地预示成功？

原因可能有很多。其中一个是，极有才华的艺术家可能会觉得，在大量创作作品的同时，他也更容易创作出伟大的作品。

迪伦在其巅峰时期写了很多热门歌曲，甚至有时还会忘了自己都写过什么。

一天，迪伦和好朋友琼·贝兹坐在一辆车里，车上的收音机里播放着贝兹唱的歌。迪伦没有听出来这首歌是《爱就那么回事儿》，但这不影响他喜欢这首歌。

"这首歌很不错。"迪伦点评道。

"你写的。"贝兹回复。[15]

作品数量多少和艺术声誉高低有关联的另一个原因是，在早期就取得成功的艺术家更容易创作出更多作品。

但是，多产和成功有关联的另一个重要原因是，多产的艺术家有更多的机会收获幸运。

我们可以这样想，不可预测的事件有时会带来巨大的成功。而某件艺术品能否成功就像买彩票，如果你买的"彩票"比其他艺术家多，那么你就有更多的机会收获属于你的幸运。

作为一个艺术家，创造大量的作品尤为重要，因为艺术家无法预测他们什么时候会创作出一幅杰作。一项研究曾仔细研究了贝多芬的书信，在信中，贝多芬至少8次提及不喜欢自己的某一首作品，但全世界都认为那是一首杰作。[16]

在伍迪·艾伦剪辑完《曼哈顿》后，他对这部影片非常不满意，要求联美公司不要发行。艾伦提出，他甚至可以再免费制作一部电影，以避免向世界展示《曼哈顿》的尴尬。联美公司拒绝了艾伦的请求，并在全球上映这部电影。这部电影竟然立即被评为杰作。

布鲁斯·斯普林斯汀在制作完成他的第三张专辑《生为奔跑》后，其实很讨厌这张专辑。[17]

"我认为这是我听过的最糟糕的专辑，太垃圾了。"斯普林斯汀说。斯普林斯汀考虑过不发行这张专辑，但被制作人乔恩·兰多说服，最终还是发行了它。

这张专辑中的同名主打歌《生为奔跑》以及《雷霆之路》《丛林之地》《冰冷的第十大街》大受欢迎。这张专辑也让斯普林斯汀登上了美国《时代》和《新闻周刊》的封面。《滚石》杂志用"伟大"称赞这张专辑。它最终被评为史上最伟大的摇滚专辑之一。

值得庆幸的是，尽管与他人意见不同，但是贝多芬、艾伦和斯普林斯汀还是把这些作品公开了。但许多从未达到同样赞誉水平的艺术家并没有这样做，他们会首先拒绝自己。

当然，如果艺术家能够准确地判断哪些作品会受欢迎，那么他们在发行作品时完全可以有选择性，这无可厚非。但艺术家无法准确判断。因此，他们必须避免限制向世界展示自己作品的机会。通过创作更多的作品，艺术家将收到世界给他们的惊喜——作品爆红于世界。

数量的价值是否超越了艺术本身的价值？

事实上，西蒙顿在科学界也发现了类似的关系——发表论文最多的科学家最有可能获得重大奖项。研究人员在其他行业发现，数量多少和结果好坏之间存在一种联系。

相亲市场中的毕加索定律

我们在本书的第一章讨论了特定人群在相亲市场更受欢迎的压倒性证据。

你可能还记得那一章中有一个"啊，果然如此"的发现：外表美丽的人更容易收到相亲网站上的站内私信或得到回复，但是他们不太回复别人的消息。

让我用下面关于"肤浅"的数据，唤醒你的记忆（见图6-1和图6-2）。

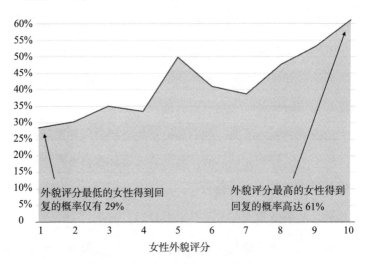

图6-1　外貌评分最高的男性回复不同外貌评分女性的概率

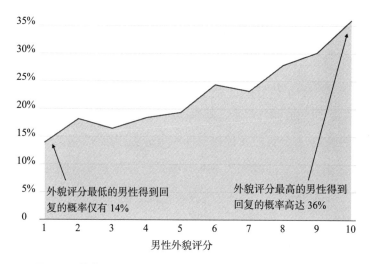

图 6-2　外貌评分最高的女性回复不同外貌评分男性的概率

　　再说一遍，这一点儿也不奇怪。数据显示，外貌在相亲、约会中很重要。

　　但在那一章中，我们并没有过多关注实际回复率，现在让我们仔细看看这些数据。

　　请注意一下，当最不迷人的男性（外貌评分处于第 1 到第 10 百分位数的人）给最有吸引力的女性（外貌评分处于第 91 到第 100 百分位数的人）发消息时会发生什么。

　　在看到真实数据之前，我们不妨猜一猜最不迷人的男性得到回复的概率是多少。我猜概率很低，可能是 1%，也可能是 2% 或 3%。毕竟，我们谈论的是外貌评分处于第 1 到第 10 百分位的那部分男性有多大概率得到外貌评分处于第 91 到第

100百分位的女性的回复。我们说的是一个一级"菜鸟"得到一个满级"大佬"的回复，这是远超一个人能力范围的事情！

事实上，在这种情况下，这部分男性得到回复的概率约为14%。如果情况反过来，数据会更高一点儿。外貌评分处于第1到第10百分位的女性得到外貌评分处于第91到第100百分位的男性回复的概率为29%。当然，并不是所有的回复都会进一步发展成约会，但这代表着有机会成功约会。

令人感到意外的是，在超越自己能力范围的事情上，人们取得成功的可能性好像也没有那么低，这在其他研究中得到了验证。伊丽莎白·E.布鲁赫和M.E.J.纽曼在利用不同的方法和不同约会网站的数据进行研究后发现：当网站上最不受欢迎的男性给网站上最受欢迎的女性发消息时，前者收到回复的概率约为15%。当最不受欢迎的女性给最受欢迎的男性发消息时，前者得到回复的概率约为35%。[18]

这些数字并不像人们想的那么糟糕，这对提升相亲成功率有着深远的影响：多主动联系别人。

根据第一章中的内容，我们可以知道，其实这样的亲密关系并不一定长久幸福，因为极受大家欢迎的特征对亲密关系的长久并无明显助力。但现在，请暂时不考虑这个结论，这样想想看：根据布鲁赫和纽曼的数据，假设现在相亲网站上一个最不受欢迎的男性想和网站上最受欢迎的女性约会。

他想和一个非常漂亮的女性约会，但他知道自己并没有传统意义上的魅力。数据告诉我们，每次他邀请非常漂亮的女性约会时，他被拒绝的可能性都比被接受的可能性大。

但被拒绝的情况并没有他想象的那么糟糕。如果他邀请那些极受大家欢迎的女性约会，那么他听到"好呀"的概率其实会高得惊人。

以下是概率的计算过程。根据布鲁赫和纽曼的估计，最不受欢迎的男性有15%的概率从最受欢迎的女性那里得到回复。

如果这样的男性想与最受欢迎的女性约会，那么他得到回复的概率为15%。如果他同时邀请了4位这样的女性，概率则为48%；如果他邀请了10位，概率就增加到了80%；如果他邀请了30位这样的女性，猜猜看概率有多大？他有99%的概率得到至少一个人的回复。

如果男性和女性的受欢迎程度反过来，那么这个数字将要大得多，因为数据显示女性更有可能得到回复。异性恋女性如果主动接触更多的男性，那么她们与更心仪的男性相亲成功的概率就会大大增加，这在另一项研究中也得到了证实。[19]

在相亲中，如果你进行了多次尝试，你就有很多机会获得运气。就像毕加索创作了大量作品，我们才能选择其中的一些作为佳作一样，在相亲中，一个人只要愿意邀请更多的人和他约会，就会有更多的人接受邀请。

在相亲中，就像在艺术领域一样，不要先拒绝自己。你可能还记得前面提到的那些案例，许多艺术家无法判断自己艺术作品的质量。贝多芬认为他的很多作品都很糟糕；伍迪·艾伦认为《曼哈顿》的上映会让自己感到难堪；斯普林斯汀认为《生为奔跑》是"垃圾"。尽管伟大的艺术家担心作品不受欢迎，但他们还是向公众展示了它们，然后他们就有更多机会得到令自己惊讶的好消息。

在约会中，我们中有多少人陷入了思维定式，觉得自己没有机会和想要邀请的男性或女性约会？我们中有多少人没有向自己心仪的男性或女性发出约会邀请，只是因为觉得双方不是一路人？我们中有多少人认为自己是"垃圾"，或者认为邀请别人约会是一件令人尴尬的事？

数据告诉我们，我们不应该受这种不安全感的影响。当你邀请那些在数据上可能比你更受欢迎的人约会时，你取得成功的概率可能不会很大，但远高于零。

我在现实生活中学到了这一点。在 35 岁之前，我不会广撒网地邀请女性和我约会。其实，我约女性出去的次数可能屈指可数。

研究生院有一个女生聪慧漂亮，我非常迷恋她。我跟她关系暧昧，但我不敢约她出去。这听起来非常荒谬。我？邀请她？别做梦了！

许多年后我发现，其实当时她是想让我约她出去的，而且她也会答应的。

值得庆幸的是，经过这么多年，我意识到，如果我想要进行一次很好的约会，我必须让自己跳出思维定式。

我的爱人朱莉娅美丽、聪明，性格活泼，而且更加难能可贵的是，她对生活非常满意，拥有安全型依恋、尽责性和成长型心态。当我遇到她时，我告诉自己必须约她出来，即便我认为她不会接受，我也不能让这个预想影响我的行动。虽然我约人出来时经常听到"不了"，但我有时也会听到"好呀"。

朱莉娅和我的第一次约会是在新冠肺炎疫情最严峻的时候。我们在她家屋顶上喝酒，当时我觉得她并不喜欢我，因为她的肢体语言告诉我，她对我没感觉。而且她为什么要对我有感觉呢？她比我高两英寸，比我有魅力，比我外向，性格也比我好。

我总是会自己拒绝自己。我很想离开朱莉娅，再也不联系她了，因为我的本能告诉我自己，如果我提出再跟她多待一会儿，我肯定会被她拒绝。但我反抗了这种本能——尽管我非常紧张，我还是问了她可否一起共进晚餐。于是晚餐变成了第二次约会，接下来还有第三次约会。最终我们来到了交往一周年纪念日。交往后，我偶然得知，她在第一次约会时就被我吸引了，如果我当时匆匆离开，她可能会感到非常失落，还会给她的所有闺蜜发短信，分析自己哪里做错了，谈论一种危险的误会和预先拒绝自己的危险欲望。

克里斯·麦金利也学会了如何在相亲中增加别人选择自己的概率，从而幸运地获得浪漫爱情。[20] 美国科技杂志《连线》称麦金利为"数学天才"，他"黑进了 OkCupid 网站，找到了自己的真爱"。为了让自己幸运地遇到合适的人，他想了个方法。他没有尽可能多地约别人出来，相反，他让自己的资料非常巧妙地出现在更多的人面前。

麦金利指出，只要有男性访问过女性的个人资料，女性就会收到访问的通知。因此，在许多以数据为支撑的创新中，麦金利写了一个自动程序，它可以大量访问潜在约会对象的档案，比他自己手动访问的要多。

越多的女性看到麦金利的访问记录，就会有越多的女性对他感兴趣。在使用这个方法后不久，麦金利每天能收到大约 400 次访问和 20 条站内消息。

这给他带来了无数次约会，包括与克里斯蒂娜·婷·王的约会，这是与他约会的第 88 位女性。一年多后，他们订婚了。

约会是一个数字游戏，麦金利黑进了系统，并提高了他的成功率。

就业市场中的毕加索定律

大量地申请工作也能大大改善你的职业生涯。最近，一项研究调查了上百名科学家找工作时的各种细节：他们申请的每一个岗位、每一次面试邀请以及每一封录用通知。[21] 他们发现，每个科学家平均要申请 15 所学校才能收到一封录用通知。

此外，开展该项研究的科学家还发现，他们在研究中调查的科学家可能没有足够多次地申请工作。事实证明，一名科学家申请的工作越多，他接到的面试邀请就越多，而收到录用通知的科学家前期发送的求职申请更多。

这真是让人震惊。想想看，科学家每周工作 60 个小时，尽一切可能提高自己与岗位的匹配度，以实现他们的学术职业理想。尽管有证据表明，多申请几所不同的学校可能会提高科学家找到工作的概率，但许多科学家并没有花额外的几十个小时来增加他们申请的学校数量。

在某种程度上，学术工作就像买彩票。中奖者很可能是多花了几个小时买更多彩票的人。更多的申请数量意味着有更多机会获得高质量结果——找到一份工作。

利用数据决定自己要做的事情（比如到处旅行）的人，更多地向别人展示自己，这能够增加成功的概率。或者，就像我常说的那样，财富更青睐以数据为支撑做决定的人。

还有一种方法可以让这类人提高他们成为幸运儿的概率：改善他们的外表。这个话题非常重要，它也是下一章的主题。

下一章

　　在机器学习和个人数据搜集方面，人们获得了新的经验，即如何让自己看起来最好看。

第七章

外貌：书呆子改头换面

"我讨厌自己的样子。"这是我 6 岁时跟妈妈说的话。

小时候我常被人嘲笑长相。同龄的孩子说我的耳朵太大了、鼻子太宽了、额头太宽了。

从 6 岁到 38 岁，我对自己的外貌在轻微失望和极度沮丧之间摇摆。事实上，在我写完第一本书《人人都在说谎》后不久，我患上了重度抑郁症。当时我换了一个新的心理医生。我告诉他的第一件事是："我太丑了，丑得我生活都被毁了。"

尽管我的外貌不自信已经持续了几十年，但我从来没有做过什么去改善外貌。事实上，我也不想关注它，以此表达对自己外貌的不满。我没有好好保养自己的皮肤，穿得也很丑，也不经常打理自己的头发，还经常拿丑陋这件事自嘲。

不过就在几个月前，在别人的说服下，我终于开始努力改善我的外表了。事实上，我对自己进行了数据分析，找出了最适合我的造型，这可能是一次历史上最书呆子气的改造了。你也许能从我所做的事情中得到一些改善外表的经验。

我采取行动的动机是什么？是为了深入研究面部科学。

面部科学在人的外貌方面有两项重大发现。首先是一个让人非常沮丧的发现，即外貌在很大程度上影响着我们的发展，而且这一影响比许多人认为的都要大。其次是一个让人振奋的发现，即外貌是可以大幅改善的，而且，它可以被改善的程度远超人们的想象。

你的外貌：很重要

芝加哥大学教授亚历山大·托多罗夫称得上世界首屈一指的面部专家。[1] 托多罗夫的鼻子很大，耳朵轻度凸出，面相看起来平易近人且聪明。他的研究发现，一个人的外貌会影响其在很多领域的成功（提示：很多）。①

例如，考虑一下最重要的政治领域。我们或许认为，重大政治选举的获胜者往往才干出众。毕竟，他们确确实实决定了数万亿美元的资金走向。我们肯定希望选出的候选人能够拥有最聪慧的大脑，付出最勤恳的努力，提出最明智的政策。

---

① 托多罗夫写了一本名为《别相信他的脸》的书，非常有趣，我强烈推荐。

然而，亚历山大·托多罗夫等人已经证明，重大政治选举的获胜者之所以获胜，往往只是因为其外貌给选民留下了深刻的印象。

在一项研究中，托多罗夫和同事搜集了民主党和共和党参加参议院和众议院竞选的候选人照片，并两两分组。研究很简单，他们招募了一组志愿者，让大家根据照片，评价每组中的两位候选人哪一个看起来更有能力。（如果志愿者认识照片上的人，那么这组结果无效。）

如果你喜欢参与科学研究或乐于点评人们的外貌，你也可以回答一个问题：下面两人中，你觉得哪一位更有政治能力（见图7-1）？

所有政客照片均来自 FiscalNote/Congress at Your Fingertips。已取得使用权。

图7-1　哪位更有政治能力

你有答案了吗？

我猜你选了右边的那位先生。

如果你真的认为右边的人看起来更有政治能力，那么你就和托多罗夫所做的实验中大多数志愿者一样。实验中 90% 的志愿者表示，右边的人看起来比左边的人更有能力。而且，大部分人只需要 1 秒便可做出这个判断。

那么，这两位是谁呢？

图中是 2002 年美国蒙大拿州参议院选举中的两名候选人。右边那位看起来更有能力的人是民主党候选人马克斯·鲍卡斯，左边的是共和党候选人迈克·泰勒。

实验中，90% 的人认为鲍卡斯看起来更有能力；现实中，他以两党 66% 的选票赢得了选举。换句话说，选民仅看了 1 秒候选人的脸，就选出了他们认为更有能力的人。

那些看起来更有能力的候选人会赢得选举，这象征着某种模式的开始。

准备好进一步配合研究人员的实验了吗？看看下面两组对比的人像，请分别选出你认为更有政治能力的那个人（见图 7–2）。

让我再猜一猜你的答案。在上面一组中，我猜你选了右边的那位。在下面一组中，我猜你选择了左边的那位。

图 7-2　哪位更有政治能力

　　如果这是你的答案，那么你与大多数志愿者的答案相同。大约 90% 的志愿者都做出了同样的选择。

　　换句话说，让多数人觉得其更有能力的人赢得了选举。在刚才的两组照片中，上面一组的右边是共和党人帕特·罗伯茨；2002 年，他以 82.5% 的选票赢得了堪萨斯州参议员竞选，击败了左边来自自由党的史蒂文·罗西尔。下面一组的左边是共和党人贾德·格雷格；2004年，他以66%的选票赢得了新罕布什尔州参议员竞选，击败了右边来自民主党的多丽丝·哈多克。

而且，在托多罗夫等人研究的所有竞选中，多数人觉得更有政治能力的人赢得了71.6%的参议院竞选和66.8%的众议院竞选。[2]而且就赢得选举来说，候选人看起来更有政治能力比候选人的种族、年龄和性别等其他因素都重要。

托多罗夫等人的研究告诉我们，有些人一看就非常有政治能力，有些人则不是，选民倾向于选择前者。正如托多罗夫等人总结的那样："选民比我们想象的要肤浅。"

1992年，比尔·克林顿的竞选策略师詹姆斯·卡维尔提到选民最关心什么时，说了句很有名的话："是经济，傻瓜。"但研究告诉我们，想在大型选举中赢得选民青睐，最重要的是"一张脸，傻瓜"。

政治领域并不是唯一一个由外貌决定成就高低的领域。通过外貌，我们不仅能判断一个人的政治能力，还能判断一个人有多值得信赖、做事有多聪明、性格有多外向、精力有多旺盛等。

托多罗夫等人发现，在政治领域，一个人的外貌最能影响他人对其能力的判断。但在其他领域，一个人的外貌，以及我们如何看待一个人的外貌，也发挥着重要作用。

以军队为例。

研究人员想要知道，什么样的西点军校学员的职业生涯最成功。[3]他们创建了一个数据库，其中包括每个学员毕业20年后的军衔，以及学员在校时的各项数据。

这些数据包括学员家境，在校时各种学业测试成绩和体测成绩，以及每个学员的毕业照。研究人员要求人们对学员的形象进行评分。

他们发现，有一个要素最能判断学员的事业发展情况，不是家境有多么优渥，不是学习有多么厉害，也不是体能有多么好。而且说实话，这些对学员事业发展的作用很小。

作用最大的要素是外貌。拥有一张强势的面孔，可以增加上校成为准将、准将成为少将、少将成为中将的概率（见图7-3）。

非常强势的面孔　　　　　　　　　　不太强势的面孔

图7-3　不同的面孔

换句话说，在西点军校的精英中，面孔看起来非常强势的人往往实力也更强大。

诸多类似的研究都向我们展示了个人外貌和他人印象之间的关系。最后的结论令人沮丧，人类竟如此肤浅，而这种肤浅居然可以造成巨大的影响，多么悲哀！

对我们这些相貌平平的人来说，这些研究结论似乎并没有给我们带来什么希望。如果我们的外貌没有反映出我们的政治能力，那我们的政治生涯就完蛋了吗？如果我们的外貌看起来不那么强势，那我们的军事梦就不可能实现了吗？

也不全是。

这项研究后来有了一些变数。而且，就像后来的很多研究都推翻了原先的研究一样，发生在这项研究上的变数，很好地体现在《宋飞正传》的某一集里。

你的外貌：不断变化

在《宋飞正传》第 9 季第 10 集里，杰里和一个名叫格温的女人约会。她有时很有魅力，有时又好像差点儿意思。对格温来说，灯光决定了她到底是"8 分美女"还是"2 分美女"。

这一集刚开始时，杰里把格温介绍给了他的朋友克雷默，而此时格温看起来并没有什么魅力。之后，街边的一个陌生女人引起了克雷默的注意。这个女人，正是格温。在灯光下，8分美女格温告诉克雷默，自己正在和杰里约会。克雷默否认说，他刚见过杰里的女朋友："你比那个女人美多了。"

于是，格温确信杰里另有新欢，自己被出轨了，另外一个女人也被骗了。

在这一集最后一幕，格温再次变成了8分美女，并与杰里对质。她告诉杰里，自己已经知道他欺骗了她和另外一个不那么漂亮的女人，然后夺门而出。杰里追了出去，想向她解释一番。然而，当他在门廊处找到格温时，格温又变回了2分美女，杰里瞬间就不想和她纠缠了，于是转身回去了。

"门廊那里的灯光不好。"杰里解释道。

科学告诉我们，从某种意义上来看，我们都是格温，时而美丽，时而丑陋。

在我们之前讨论的诸多研究中，包括托多罗夫在内的面部科学研究人员一直要求人们给某个人的某张照片打分。比如，在判断政治能力的实验中，研究人员要求人们在看过贾德·格雷格与多丽丝·哈多克的各一张照片后，判断谁更有政治能力；在西点军校的研究中，人们则根据每位学员的一张照片，判断谁更强势。

这就好像每个人的脸庞反映出的能力高低、强势与否或吸引力高低都是固定不变的，而我们对此无能为力。

但在和哥伦比亚大学的珍妮·M.波特一起进行的一项研究中，托多罗夫要求人们根据多张照片从多个维度来评价一个人，评价的维度包括能力、吸引力和可信度，结果非常有趣。[4]

他们使用了一个帮助训练面部识别能力的数据集，其中每个人都有5~11张面部照片，且每张照片只是略有不同。

尽管照片很相似，但这些被挑选出来的特定照片导致人们对同一个人的看法差异很大。例如，图7-4中是两位男士的两张不同的照片，志愿者要给照片中人物的可信度打分。结果发

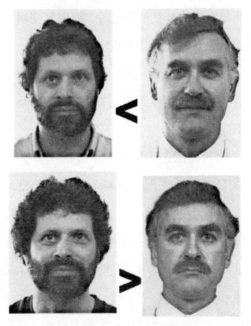

图7-4　可信度比较

注：图片来自FERET人脸数据库，并已得到使用许可。

现，可信度最高的人会随志愿者看到的照片的变化而变化。

研究人员不断重复这一实验，发现人们对一个人的看法的确会随着此人照片的变化而变化。

吸引力平均评分为 5 分的人，其实际评分会根据展示照片的不同而在 4~6 分浮动；平均评分为 3 分的人则可能会在 2~4 分变化。对于其他维度，不同照片带来的认知差异更加明显。可信度平均评分为 5.5 分的人，其实际评分则会在 4~7 分浮动。

考虑到照片之间的微小差异，评分的这种变化其实非常明显。如果仅仅因为灯光和笑容的细微差异，人们的吸引力评分就在 2~4 分变化，那么胡子、发型、眼镜等更大的外貌变化对吸引力评分的影响也更大。

世界上最书呆子气的改造动机

我能利用数据来改善我的外貌吗？这是我在阅读面部科学的相关研究时产生的第一个想法。改变外貌对我来说是一种革命性的想法。如前所述，我一直认为自己没有吸引力，并认为这已经是个人特点了。但托多罗夫和波特的研究表明，一张面孔在不同条件下可以给人带来非常不同的感觉。也许，我能找到自己最为外界所接受的外貌。

但是我要怎么做呢？

我不想只靠直觉。心理学几十年来的研究表明，人们无法非常准确地判断自己给别人留下了什么印象，许多偏见阻碍着我们形成清晰的自我认知。如果有人不善于判断自己在外貌上给别人留下的印象，那这个人就是我。显然，我需要他人的意见。

我偶然发现了一个可以改变形象的方法。方案包括三个与时俱进的步骤：人工智能、快速市场调研和统计分析。我想说的是，虽然我没有什么耳垂、鼻子大、额头宽，但我可以用统计分析能力改变外貌！

不用关电脑，三步让你变迷人

第一步（人工智能）：我下载了一个名叫 FaceApp 的软件，这是一个使用人工智能编辑照片的应用程序。如果你不了解 FaceApp，下面是基础的操作流程：上传一张照片，然后调整照片的各种参数，最后得到一张逼真的合成照片。可以调整的参数包括发型、发色、胡子、眼镜和表情。

我给自己的外貌生成了 100 多个版本，下面这几张是我最终挑选出来的（见图 7-5）。

图 7-5 （人工智能生成的）我的不同外貌

第二步（快速市场调研）：为了得到这些照片的评分，我利用 GuildedTrack 和 Positly 这两个数据搜集工具，进行了一次快速市场调研。这两个工具均由我的朋友斯宾塞·格林伯格开发，目的是让任何人都可以开始快速调研、降低成本。对于我的这次调研，人们需要根据每张照片，凭感觉给我的能力进行打分，范围是 1~10 分。（你也可以使用 Photofeeler.com 网站来进行相关评分。）

我发现，这些照片的评分差异很大。比如，图 7-6 中的我，能力评分最低，为 5.8 分（满分 10 分）。图 7-7 中的我，能力评分最高，为 7.8 分（满分 10 分）。

图 7-6　　　　　　　　图 7-7

正如托多罗夫和波特所发现的那样，也像《宋飞正传》中演绎的一样，大家对每一个"我"的看法非常不同。

第三步（统计分析）：利用统计分析中的 R 语言，我可以判断和分析自己设计的外貌如何影响别人对我的看法，同时还能明确外貌的哪些特征影响最大。

那么，我从中学到了什么呢？

别人判断我能力高低的主要依据之一是眼镜。当我戴上眼镜时，能力方面的平均评分增加了约 0.8 分。这让我很惊讶，因为我一直认为我戴眼镜很丑，所以我尽可能地多戴隐形眼镜。

换句话说，这些数据告诉我，我应该否定自己不戴眼镜更好的直觉。

第二个依据是胡子。当我留着胡子时，平均评分增加了约 0.35 分。在现实生活中，直到 30 岁左右，我才开始蓄胡须。在过去的 5 年里，我在剃须和不剃须之间来回改变。但是从数据来看，有胡子更适合我。

除了眼镜和胡子，外貌的其他变化并没有产生太大的影响。从统计学的角度来看，别人对我的看法并没有因为发型和发色的细微变化而产生显著差异。不过有一个明显的例外，当我的头发是粉色时，平均评分降低了约 0.37 分。

我一直觉得拍照时应该多笑，或者笑得灿烂些。但当我发现别人的评价并没有因为我的微笑而有显著差异时，我很欣慰，因为我再也不用担心自己的表情管理了。

说到别人对我的看法，眼镜和胡子对我来说可谓力挽狂澜，而且只要头发不是粉色，我再做其他什么改变就都没那么重要了。

多亏了人工智能、快速市场调研和统计分析，我已经找到了最适合自己的外貌。我会戴上眼镜，蓄起胡子。这样的我可能无法与罗姆尼或奥巴马等美国政坛的顶尖人物竞争，但数据显示，这样的我肯定能给人留下良好的第一印象。在 25 岁时，我根本想不到自己的外貌能够得到 7.8 分（满分 10 分）

的高分。

那么，你能从我书呆子气的改造中学到什么呢？

我把这件事情带向了一个极端——在这个过程中，我使用了电子表格和统计分析。但我相信，除去这部分，几乎所有人都可以从这次分析中获益。

至少，你可以下载 FaceApp 或类似的应用软件，生成自己不同的外貌。不用在网上找一群陌生人打分，你完全可以把照片发到社交媒体上或者找诚实的朋友，让大家判断哪种外貌更适合你。

我相信，这肯定比大多数人凭直觉了解自己外貌的不成熟方法要好得多。

通常，我们完全专注于自己纠结的那些问题，比如我之前对笑容的纠结。大多数人或许从来没有花哪怕一点点时间，想过如何显著改变自己的外貌，比如我曾有 10 年时间根本没有留胡子。大多数人对自己外貌的认知并不准确，比如我之前坚信我戴眼镜很难看。

我想说的是，研究表明，外貌很重要。我们应该尝试改变自己的外貌，但我们判断自己外貌的能力很糟糕。或者换句话说，人工智能、快速市场调研和统计分析主导着镜子里的你。

下一章

在第四章到第七章中，我集中讨论了如何让你的职业生涯更进一步。如果你采纳了这些建议，你可能会发现自己变得成功了。但你也可能会发现，自己像许多成功人士一样感到非常痛苦。值得庆幸的是，最新的数据把快乐的方法告诉了我们。

第八章

快乐：改变人生的魔法

人为什么会快乐？历史上一些伟大的哲学家曾试图回答这个问题，不过大部分答案都不正确。答案最终会是……我们的手机吗？

并不是。要想快乐，人们就不能（过度）使用手机，但这肯定会让人感到痛苦（稍后我会详细讨论）。一项研究解释了人感到快乐的原因，而这项研究的顺利开展得益于 iPhone 等智能手机的普及。

我在前言中已简单提及乔治·麦克隆和苏珊娜·莫拉托等研究人员开展的"快乐地图"项目。该项目招募了数万名智能手机用户，以帮助研究人员了解快乐。研究人员每天不定时地给用户的手机发推送消息，询问他们正在做什么以及当时的心情怎么样等简单问题。

从这些问题的答案中，研究人员搜集了 300 多万个快乐瞬间，这是之前研究快乐用到的数据集规模的数倍。

那么，300多万个快乐瞬间告诉我们快乐的原因是什么了吗？我很快就会回答这个问题。不过，我会先讨论一下像"快乐地图"这样的基于智能手机的研究项目。在智能手机出现之前，那些基于调查的小型研究告诉我们，人们不清楚快乐的原因是什么，迫切需要像"快乐地图"这样的研究来回答这个问题。

误判未来是否快乐

如果你找到了一份理想的工作，你会感到多么快乐？如果你支持的政治候选人输了竞选，你会感到多么痛苦？如果你和恋人分手了，你的心情会如何？

一般人对这些问题的回答可能是，"如果找到了一份理想的工作，我会非常快乐""如果我支持的候选人输了，我会非常痛苦""被甩会更痛苦"。

但根据丹尼尔·吉尔伯特和他的同事们进行的关于快乐的研究，你的每一个回答很可能都不对。

这项具有开创性意义的研究分为两个部分。

第一部分，研究人员招募了一组助理教授，问了他们一些问题，类似于上述几个问题。这些助理教授都在努力争取他们的理想职称：终身教授。所以，研究人员询问了他们未来的快乐在多大程度上取决于工作。研究人员还要求助理教授想象一下在两种未来中他们的快乐程度。未来一：评上终身教授。未来二：没有评上终身教授。

助理教授估计，未来一要比未来二快乐得多。我成年后大部分的时间都在和助理教授打交道，这些人除了吃饭、睡觉，就是评终身教授，所以我对这部分的调查结果一点儿也不惊讶。

第二部分，研究人员招募了一组不同的研究对象，他们和第一部分研究中的助理教授来自同一所大学，之前都参加过终身教授评选。其中一些人获评终身教授，另一些人没有，这些人的生活与助理教授追求的生活并不相同。

研究人员要求第二组研究对象评估一下他们现在的快乐程度。结果如何？评上的人和没有评上的人，在自我评估中的快乐程度没有显著差异。

换句话说，还没有评上终身教授的人，下意识地认为评上终身教授能给他们带来多年的快乐；参加过评选的人却证明，评上终身教授并不能带来长久的快乐。[1]

埃利奥特·弗格森的亲身经历证明了这一点。[①] 近期，他

---

① 人物名字和故事细节有所改动。

在 Quora 上回答了问题"未能评上终身教授是什么感觉"[2]。他说，1976 年自己在威斯康星大学麦迪逊分校工作时，未能评上心理学终身教授，当时他感到非常"崩溃"。之前他全身心地投入评选终身教授这件事，但根本没有为这个结果做好准备。与大部分人一样，随后他很快振作了起来。他开始从商，并成为一名企业家和咨询顾问。他喜欢与学术界之外"聪明的、有创造力的、有趣的人"一起工作，并欣赏商业界做事的效率。在弗格森未能评上终身教授的 37 年后，他表示："所以我想说，感谢威斯康星大学没有把我评为终身教授。这对大学来说是好事，对我，也是最好的安排。"

吉尔伯特团队的研究数据表明，弗格森的故事具有代表性。学者都会从没有评上终身教授的打击中恢复过来，即便他们之前认为自己会心灰意冷。

无法准确预测自己对生活中发生的事如何反应的人，不仅仅是那些想要在学术生涯中更进一步的学者，吉尔伯特等研究人员发现，大部分其他人也都做不到。他们使用同样的方法来测试其他人能否预测自己在重大事件后的快乐程度，例如，分手和参选。

人们一直以为这些事情会极大地影响自己的快乐程度。但那些经历过的人并没有因此长久地不快乐。换句话说，那些看起来可怕、糟糕的事情，当时好像再也不能挽回了，往往不是什么过不去的坎儿。

那么，为什么我们如此不善于预测影响快乐的因素呢？部分是因为，之前让我们感到快乐或痛苦的事情已经被我们忘记了，因此我们很难预测未来。我们如何知道自己常常忘记过去产生的感觉？证据来自一项重要研究，方法非常巧妙，但内容确实有点儿让人"反胃"。

误判过去是否快乐

接下来的测试有点儿奇怪。病人 A 和病人 B 在接受结肠镜检查的过程中，需要每 60 秒记录一次他们的疼痛程度——范围从 0 到 10（我们称之为"当下效用"）。研究人员分别在第 0 分钟、第 1 分钟、第 2 分钟询问他们的疼痛程度，以此类推，直到结肠镜检查完成。

检查完成后，我们得到了两名患者的疼痛程度表，能够一探结肠镜检查中每分钟的疼痛情况，如图 8–1 和图 8–2 所示。

对于病人 A，我们从图 8–1 中可以看出，他的疼痛程度在 0~8 之间波动，持续 8 分钟左右。

对于病人 B，我们从图 8–2 中可以看出，他的疼痛程度在 0~8 之间波动，持续 20 分钟以上。

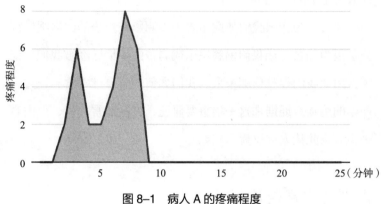

图 8-1　病人 A 的疼痛程度

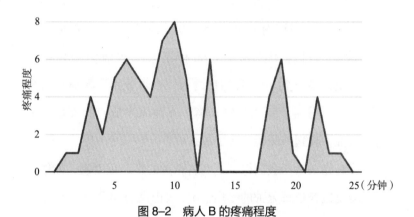

图 8-2　病人 B 的疼痛程度

现在，有一个奇怪的问题：在这次检查中，谁经历了更多的疼痛？

看到图后，你有答案了吗？

这个问题不难，答案很明显：病人 B 经历了更多的疼痛。

病人 B 在前 8 分钟的疼痛程度大约和病人 A 一样，之后的 17 分钟也在不断经历着疼痛。无论怎么看，病人 B 的结肠镜检查都更为痛苦。如果你的答案是病人 B，那么你在这个奇怪的测试中得了 A+。干得漂亮！

我为什么要问你这个答案明显、很容易回答的问题？

因为我们掌握了病人在结肠镜检查期间的真实疼痛数据表，所以我们确定哪个病人的结肠镜检查比较痛苦是非常简单的。但对检查中的病人来说，如果没有这些数据，他们其实很难准确地回忆起当时糟糕的感觉。人们往往会忘记结肠镜检查到底有多痛苦。

证据？证据出自唐纳德·雷德迈尔和丹尼尔·卡尼曼所撰论文的图表。

研究人员招募了一批需要进行结肠镜检查的病人，要求他们记录在检查过程中每一分钟的疼痛程度，形成了多个类似前面展示的当下效用表。[3]

但这篇论文真正的特别之处在于学者问的另外一个问题。在检查结束后，他们让每一个病人对刚结束的经历进行评价。研究人员要求病人将此次检查与其他痛苦的经历进行比较，并给检查的疼痛程度打分，我们称之为"记忆效用"。

事情从这里开始变得有趣了起来。

以刚刚提到的病人 A 和 B 为例。回想一下，病人 B 的当下效用表清楚地显示，他比病人 A 经历了更多的疼痛。但在两个人的回忆中，病人 B 对疼痛程度的打分比病人 A 的低。换句话说，经历了更多疼痛、疼痛时间更长的病人，回忆起过去的这段经历时，反而认为自己不那么疼。

此外，当下效用和记忆效用之间的脱节不仅仅发生在病人 A 和 B 这两个人身上。雷德迈尔和卡尼曼的研究发现，大部分接受结肠镜检查的病人，在检查时记录的疼痛程度和事后回忆起来的都不一致。简单来说，许多在检查时没有那么痛苦的人，事后回忆时却表示当时非常痛苦（反之亦然）。

认知偏见扰乱了记忆中的快乐和痛苦

为什么人们很难记住一次经历有多糟糕（或美好）？科学家们发现，智人的许多认知偏见会干扰过去的快乐和痛苦记忆。

其中一种认知偏见是"过程忽视"。这种偏见意味着，在判断过去一次经历的好或坏时，我们并没有考虑这种经历持续了多久。人们肯定希望愉快的事情慢点儿结束，痛苦的事情快点儿结束，比如痛苦的结肠镜检查快点儿结束。但过程忽视的认知偏见让我们无法在事后确定痛苦经历的长短。人们只记得一次经历很痛苦，但不记得痛苦了多久。事后看来，5 分钟的痛苦和 50 分钟的痛苦都是很难区分的。

结肠镜检查之所以让人感到痛苦，其原因之一是持续时间很长，而过程忽视在一定程度上解释了为什么病人 B 未感受到异常痛苦。

通过雷德迈尔和卡尼曼的研究，我们可以发现，人们记忆中的痛苦程度和结肠镜检查持续时间之间几乎没有关系。有些人的结肠镜检查只有 4 分钟，有些人的结肠镜检查则持续了 1 个多小时。但检查结束后，每个人都认为这次检查是一次痛苦的经历。

有趣的是，过程忽视会使药物有效性的测试变得十分困难。如果某种药物将患者偏头痛持续的时间从 20 分钟减少到了 5 分钟，这表示药物非常有效。但是病人可能不会注意到这个变化，也不会向医生报告自己的病情有所改善。由于我们的认知存在过程忽视，许多医学研究人员建议患者仔细记录服药前后症状的持续时间，以便确认药物是否减轻了患者没有意识到的症状。

另一个认知偏见是"峰终定律"。在判断过去一段经历的好或坏时，我们基于的不是过程，而是峰值的感受（好的时候有多好或坏的时候有多坏）和结束时的感受（无论好坏）。

回看病人 A 和 B 的当下效用表，我们可以发现，虽然病人 B 在结肠镜检查中经历了更多疼痛、疼痛时间更长，但由于检查的后半段没有前半段那么疼，所以患者 B 低估了结肠镜检查的疼痛程度。

雷德迈尔和卡尼曼的研究发现，人们评价结肠镜检查感受时的一个关键因素是在检查的最后 3 分钟感受到了多少疼痛。

由于过程忽视、峰终定律等认知偏见的干扰，也难怪人们不太擅长根据过往的经历研究快乐。

一直以来，影响个人对快乐的理解的因素，也在影响着科学家对快乐的理解。科学家通常只能采访少数人。他们经常让实验对象反馈进行各种任务时的快乐程度。但如上所述，人们一般会忘记自己在过程中有多快乐。

在雷德迈尔和卡尼曼的研究中，他们让 154 人以分钟为单位，记录结肠镜检查时的当下效用，以此了解病人在检查过程中的体验。理想的快乐研究则需要大量人员记录他们在不同活动中每时每刻的当下效用。

过去，这根本不可能实现。但 iPhone 等智能手机出现之后，一切就有了可能。

iPhone：革命性的工具使"手机令人痛苦"的说法令人信服

几年前，萨塞克斯大学经济学高级讲师乔治·麦克隆和伦敦政治经济学院环境经济学教授苏珊娜·莫拉托，对研究快乐有了独特的见解。现在的人们都随身携带智能手机，这或许能够大幅扩大当下效用表的填写范围。区别于过去招募受试者填写调查问卷的形式，如今，研究人员可以利用手机，让人们在手机应用中填写自己的快乐情况。

他们发明了一款名叫"快乐地图"的手机应用，并招募了受试者，每天不定时地通过应用向用户发送信息，让他们填写一些简单的问卷。问卷内容包括下面这些。

- 你在做什么？（用户可以从 40 项活动中进行选择，包括"购物、跑腿""阅读""吸烟""做饭、准备食材"等。）
- 你跟谁在一起？
- 你快乐吗？（给自己的快乐程度打分，范围为 1~100 分。）

那么，这个项目是否成功地将快乐研究带入了大数据时代呢？

答案不言而喻。几年后，快乐地图的团队建立了一个数据集，其中包含了 6 万多人的 300 多万项快乐数据。这就像是卡尼曼、雷德迈尔和其他先驱在快乐研究中使用的当下效用表——不过是更完善和完整的版本。

麦克隆、莫拉托等研究人员利用大量数据，做了只有在这些数据支撑下才能进行的各种有趣研究；更有趣的是，他们将快乐地图的数据与天气或环境等外部数据放在一起进行研究。其中的一些内容将是下一章讨论的重点。

本章主要讨论快乐地图的主要研究目的：40 项活动给人带来的快乐。回想一下，快乐地图项目询问用户在做什么，以及他们当时的快乐程度。麦克隆和他的另一位研究伙伴亚历克斯·布赖森利用庞大的样本数据量，估算出 40 项活动给人带来多少快乐。他们制作了一张表，我称之为"快乐活动表"。我认为，任何依靠数据决定如何安排时间的人都需要经常查阅这张表。

最重要的是，布赖森和麦克隆不仅计算出了每项活动带给人们的快乐平均值（这需要点儿水平），还使用统计方法，比较了同一个人在同一时间段做不同活动所能达到的快乐程度。这使人们进一步明确，研究人员在研究的是活动与快乐之间的因果关系，而不仅仅是记录两者的相关性。

好了，是时候揭示这项革命性的研究对各项活动的快乐值的研究结果了！让我们从最让人快乐的活动开始。想知道最让人快乐的活动是什么吗？做好准备！最让人快乐的活动是……

……

（咚咚咚——）

……

（声音暂停，制造悬念）

……

（继续暂停，烘托氛围）

……

好了！答案是：性爱。

在快乐地图的研究中，做爱的人比其他人更快乐。性爱带来的快乐远超排名第二的活动——观看演出。

现在，性爱处于快乐活动表的最高位置似乎并不令人惊讶。诚然，性爱能让人快乐。毕竟，这是自然选择的结果。此外，我仿佛远远地听见那些酷酷的年轻人说："你们这些就知道死读书的人，花了几年时间申请资助、设计问卷、编写程序，最终就是为了说明性爱最能让人感到快乐，而我们现在就忙着做爱。"讲得好！

但是，当你停下来思考快乐地图项目的研究方法时，你会发现，数据集中有关性爱的数据量之大令人惊讶。思考一下，快乐地图是随机向用户推送消息的，只有看到推送的用户愿意回答问题，他们的数据才能被快乐地图回收。[①] 这里存在统计学家所称的选择性偏差：快乐地图数据集中的性爱数据，来自那些愿意在做爱时停下来并回答问题的人。

可以肯定的是，人们在进行令人心跳加速、令人心弦拨动、令家具摇晃、令地板震动、令人大声尖叫、令邻居清醒的性行

---

① 这是一种夸张的说法，主要是为了搞笑。快乐地图其实允许用户在收到问题后的一个小时内做出回答，记录他们收到问题时在做什么、有多快乐。

为时，会忽略快乐地图给自己发消息的声音。在快乐地图中选择"性爱"的人，是那些性爱对他们来说没有那么刺激的人，因此他们愿意在做爱中途停下来，拿起手机，回答一系列调查问题。即使是这些人，性爱中最冷漠的参与者，也比进行其他任何活动的人更快乐。糟糕的性爱居然比人们能想到的其他任何活动都让人快乐。

因此，快乐数据科学的第一个结论是：做更多的爱，人类!!哪怕你在做爱的中途看手机。

在知道了这个结论后，我很兴奋，并告诉了我的女朋友。我还得把这个发现展示给我的好朋友。他的女朋友最近一直抱怨他不想做爱，因为他经常说自己太累了或者需要工作。但也许，就像我告诉我女朋友的一样，如果有人告诉我的好朋友这些数据，他就会停止找借口，满足他的女朋友。而我的女朋友直勾勾地盯着我，皱着眉头跟他们说道："我们需要把这个发现展示给你们看。"本书中有关我的性生活——或者说，我不能满足一个女人的内容就到此为止了。

好吧，我想就这一点多说一些。那天晚上，我的女朋友让我想起了这个发现，当时，我们正在做爱，几分钟后，她便停了下来，去回答快乐地图的调查问题。

不管怎样，关于性爱的话题就到此为止了。快乐地图还告诉了我们什么？

带来快乐的全部活动

表8–1是各种活动给人们带来的快乐程度——来自布赖森和麦克隆对快乐地图中数据的分析。之后，我们将讨论这些发现的含义。

表8–1　快乐活动表

排名	活动	与不做该活动比较，获得的快乐值（分）
1	性爱	14.2
2	戏剧、舞蹈、音乐会	9.29
3	看展览、逛博物馆、去图书馆	8.77
4	运动、锻炼	8.12
5	园艺活动	7.83
6	唱歌、表演	6.95
7	与人聊天、进行社交	6.38
8	观鸟、自然观察	6.28
9	散步、远足	6.18
10	打猎、钓鱼	5.82
11	喝酒	5.73
12	业余爱好、艺术、工艺	5.53
13	冥想、宗教活动	4.95
14	比赛、体育赛事	4.39
15	照顾孩子、跟孩子一起玩	4.1
16	照顾宠物、跟宠物一起玩	3.63
17	听音乐	3.56

排名	活动	与不做该活动比较，获得的快乐值（分）
18	玩其他游戏	3.07
19	购物、跑腿	2.74
20	赌博、下注	2.62
21	看电视、看电影	2.55
22	玩电脑游戏、玩手机游戏	2.39
23	吃饭、吃零食	2.38
24	做饭、准备食材	2.14
25	喝茶、喝咖啡	1.83
26	阅读	1.47
27	听演讲、听播客	1.41
28	洗衣服、穿衣服、打扮	1.18
29	睡觉、小憩、放松	1.08
30	吸烟	0.69
31	上网	0.59
32	发短信、发邮件、使用社交软件	0.56
33	做家务、自己动手制作东西、做杂活儿	−0.65
34	旅行、通勤	−1.47
35	开会、上课	−1.5
36	行政、财务、管理	−2.45
37	等待、排队	−3.51
38	照顾或帮助成年人	−4.3
39	工作、学习	−5.43
40	卧病在床	−20.4

好的。我们怎么处理这个表?

如果你和我一样是个书呆子(不过我担心没有人像我一样),你可能想将这个表做成图片,上传到 Collage.com 或类似的在线拼图网站,然后买一个印有快乐活动表的手机保护壳(见图 8–3)。

	...ove	14.2
	...oncert	9.29
	...seum/Library	8.77
4.	Sports/Running/Exercise	8.12
5.	Gardening/Allotment	7.83
6.	Singing/Performing	6.95
7.	Talking/Chatting/Socializing	6.38
8.	Birdwatching/Nature watching	6.28
9.	Hunting/Fishing	5.82
10.	Drinking Alcohol	5.73
11.	Hobbies/Arts/Crafts	5.53
12.	Meditating/Religious Activities	4.95
13.	Match/Sporting Event	4.39
14.	Childcare/Playing with children	4.1
15.	Pet care/Playing with pets	3.63
16.	Other games/Puzzles	3.07

图 8–3 手机保护壳

现在,每当我考虑要不要做一项活动时,我都会看看手机背面,看看我能从这项活动中获得多少快乐,并根据数据做出是否这样做的决定。

回到上面的快乐活动表,让我们对其进行一番解读。不同活动的快乐值之间的差异其实很明显。不过，这可能不需要科学家来告诉你，达到性高潮比得流感更令人快乐。

然而，在快乐地图项目的结果对外公布前，人们并不知道哪些活动对快乐的影响比较大。在阅读快乐活动表之前，你会知道看电视远不如进行园艺活动快乐吗？你知道放松远不如观鸟快乐吗？你知道做饭远不如进行艺术或工艺活动快乐吗？事实证明，大多数人都不知道这些。

被低估和被高估的活动

我和另一位社会科学家，Clearerthinking.org（研究快乐和决策心理学的网站）的创始人斯宾塞·格林伯格，都很好奇人们是否能准确地猜出快乐活动表中的活动顺序。于是，我们找了一群人，让他们猜测麦克隆和布赖森研究的每项活动的快乐值。

我们这次研究的动机是什么？其中一个是，如果人们都高估了一项活动带来的快乐，那么我们更应该考虑一下自己参与该活动的频率。如果人们认为的一项活动的快乐值比实际测算出的快乐值要高，那么你可能也对这项活动有同样的错觉，这样以后你参与该活动时就不必抱有太高的期待。反过来说，如果人们都低估了一项活动带来的快乐，那么我们参与该活动时可以投入更多热情。换言之，一个明智的"生活黑客"往往会做一些快乐值比预想的要高的事情。

那么，我们这次研究的结果是什么？人们的猜测是否准确？

总的来说，大多数猜测都是正确的。同理，快乐活动表并没有出人意料。人们能够正确地意识到，性爱和社交最让人快乐，而卧病在床和工作最让人痛苦。

不过对于另外一些活动，人们错误地判断了其所带来的快乐值。以下是最常被人误解的活动。

被低估的活动：这些活动带来的快乐超乎想象[①]

- 看展览、逛博物馆、去图书馆。
- 运动、锻炼。
- 喝酒。
- 园艺活动。
- 购物、跑腿。

被高估的活动：这些活动带来的快乐不及想象

- 睡觉、小憩、放松。
- 玩电脑游戏、玩手机游戏。

---

① 完整的结果详见本书附录。

- 看电视、看电影。
- 吃饭、吃零食。
- 上网。

那么，我们应该如何理解这两个表呢？"喝酒"显然是一条通往快乐的复杂道路，因为它容易上瘾。我将在下一章中具体讨论酒精和快乐之间的关系。

但大家都有的一个偏见是，似乎高估了许多被动活动带来的快乐。想想"被高估的活动"：睡觉、放松、玩游戏、看电视、吃零食、上网……这些活动并不需要消耗大量能量。

一方面，我们的大脑似乎认为被动活动更加让人快乐。如果你像格林伯格和我一样，问一问其他人，他们感觉被动活动能给自己带来多少快乐，再像快乐地图的研究人员一样，问一问那些正在做这些被动活动的人，他们有多快乐，你就会发现，其中存在脱节。人们会怀疑这些活动能否带来更多快乐。

另一方面，"被低估的活动"做起来都需要我们付出一些精力。比如，逛博物馆、运动、锻炼、购物、园艺活动，这些都需要我们从沙发上下来，动起来。从体验上来说，那些需要从沙发上下来的活动会让人觉得没有那么快乐。

我讨厌这样做，但是……

有一次，我看到喜剧演员拉里·戴维在优兔上的一个视频，他幽默地谈到了一种我可以理解的感觉（也许你也可以理解）：计划取消所带来的快乐。正如戴维所说："如果有人放了我的鸽子，我会非常开心……你不用找理由。这不重要！直接就说你有事不来了，我会回复'太好了'，然后待在家里，看看电视，谢谢你！"

现在，我是拉里·戴维的超级粉丝。有些人的人生座右铭是"耶稣怎么做"，而我的人生座右铭是"拉里怎么做"。不过，本书的论点是，一个人再聪明，如果没有数据支持，也会做出错误的判断。一个人即便机智和幽默如拉里，也会做出错误的判断。我们不能相信任何人的直觉，包括拉里·戴维的直觉。拉里似乎掉进了我们许多人都会遇到的陷阱：夸大不做事的价值。

快乐地图的数据清楚地表明，许多被动活动，比如看电视，不会带来太多快乐，它带来的快乐比人们预期的要少。

让自己快乐的最好方法之一是，避免下意识地拒绝做一些看起来需要大量精力的事情。当你想到一项会让你说"呃……不想做"的活动时，这其实是在提醒你要做，而不是不要做。

过去当有人取消和我一起观看演出、一起参加晚宴或一起跑步的计划时,我常问自己:"拉里会怎么做?"然后我会感谢计划的取消,自己在家上网。现在我会问自己:"快乐地图怎么说?"然后,我会看着我的手机保护壳,试图克服我"瘫在沙发上,被动地沉溺于社交媒体"的本能。快乐地图的数据告诉我们,离开沙发的意义很大(而且比大多数人认为的都更有意义)——当然,除非你在沙发上做爱。

想要快乐:放下这本书?

快乐活动表是麦克隆、莫拉托等研究人员根据快乐地图的数据总结得出的研究结果。它只是研究人员关于快乐的研究的开始。你有没有想过下面几件事?

- 成为体育迷如何影响你的快乐?
- 物质如何影响你的快乐?
- 大自然如何影响你的快乐?
- 天气如何影响你的快乐?

快乐地图的项目让我们对所有这些问题都有了前所未有的看法。因此,我将在本书的最后一章,再给大家讲一讲快乐地图等类似的研究快乐的项目的成果。

但在我们开始讨论之前，我必须给你一个警告。

你可能已经注意到，在快乐活动表中，"阅读"的排名相对较低。事实上，在格林伯格和我进行的那项研究中，阅读是另外一项被高估的活动。

本书想给大家提供由数据支撑的生活建议，即使它们可能与我（即本书的作者）的利益相冲突。这本书就剩下一章了，如果你接着读下去，我会很高兴。但我不能说谎。数据显示，如果你现在合上这本书并给朋友打个电话，你很可能会更快乐，而且会比你以为的更快乐。换句话说，数据表明，如果现在停止读这本书，你会比预期的更快乐。

当你打电话给那个朋友时，你可能不想向他推荐《人人都在说谎》这本很酷的书，不想向朋友说这本书如何教你利用数据做出更好的生活决策。相反，你可能会建议他进行园艺活动。

也就是说，如果你愿意拒绝和朋友聊天所带来的 6.38 分快乐，愿意继续阅读并获得 1.47 分快乐，那么你就可以了解更多关于"什么能让人快乐"的内容。如果你想告诉一个朋友去阅读《人人都在说谎》而不是进行园艺活动，尽管你知道这样做可能会让他们损失 6.36 分快乐，那么至少对我来说，你不是一个糟糕的朋友。

下一章

现代关于快乐的数据集能告诉我们的，不只是各项活动带给人们的快乐值。我们将继续深入其他更详细的研究，了解是什么让人们感到快乐和痛苦。

第九章

痛苦：现代生活中的悲惨陷阱

"一切都很好，但没有人快乐。"

这句流行语首次出现于 2012 年，应该是 Anchors（锚人乐队）的一首歌的名字。后来在《柯南秀》中，一个现在已名誉扫地的喜剧演员让这句话小范围地流行开来。之后，亚当·弗兰克以此为题写了一篇文章，发表于美国全国公共广播电台。再后来，它被印在各类 T 恤上。

数据怎么说？

这句话显然是不现实的，并非一切都很好，生活给每个人增添了许多烦恼，也给许多人带去了真正的痛苦。

一个知名的博客作者兼精神病学家斯科特·亚历山大写了一篇关于现代生活的文章，内容让人沮丧、发人深省。人们对现代生活中的部分问题已习以为常：很多美国人在生活中面临着严重的问题——身心创伤以及严重的财务和法律问题。

亚历山大的很多病人情况非常糟糕。比如一个年逾古稀的病人，没有朋友，积蓄所剩无几，健康状况不佳。亚历山大想知道，这种客观上的糟糕情况有多普遍。

当然，亚历山大意识到，像他这样的精神病学家对人性有偏见。精神问题严重的人才会去找精神科医生，精神问题不严重的人不会不请自来。精神科医生办公室里的正常人的状态很可能比一般人的状态更糟糕。

但亚历山大指出，我们很多人即便不是精神科医生，也对他人有一种扭曲的看法，这种偏见会朝着与人性相反的方向发展。精神问题严重的人通常不怎么社交，甚至不出门。所以，你社交圈里的普通人的状态肯定也比更广泛的一般人要好。

那么，有多少美国人存在严重的问题呢？亚历山大查看数据后发现，无论何时，约20%的美国人有慢性疼痛；10%的人正在与性虐待造成的创伤做斗争；7%的人患有抑郁症；7%的人酗酒；2%的人有认知障碍；1%的人在狱中。亚历山大通过分析发现，在特定时间内，大约一半的美国人可能都有严重的问题。他总结道："这个世界比我们所有人想象的要糟糕得多。"

我根据自己的专业技能——搜索数据，分析并证实了亚历山大的观点，即许多人都在处理沉重的事务。我分析了美国在线公司发布的一个数据集，其中显示了个人随时间变化的搜索内容（已做匿名化处理）。我在其中寻找搜索"自杀"的人，结果令人揪心，但这也提醒着我们，很多人都在苦苦挣扎，而这些挣扎常常不为人知（见表9-1）。[①]

表9-1 搜索"自杀"的人的搜索记录

搜索的内容	日期，时间
租房	3 月 2 日，14:27:12
我需要一份工作	3 月 2 日，15:02:10
老年人	3 月 2 日，23:26:45
www.plentyoffish.com（一个婚恋网站）	3 月 3 日，11:18:33
我需要一份工作	3 月 3 日，17:32:00
婚姻	3 月 3 日，17:32:31
抑郁	3 月 3 日，17:33:39
人活到 60 岁就够了	3 月 4 日，16:43:55
我被赶了出去	3 月 4 日，16:57:49
便宜的公寓出租	3 月 4 日，17:00:44
最便宜的住的地方	3 月 4 日，17:06:32
www.nyctottery.gov（美国政府提供保障性住房的网站）	3 月 5 日，16:11:19
老年人穷	3 月 6 日，15:49:04
www.plentyoffish.com	3 月 6 日，20:50:39
www. plentyoffish.com	3 月 6 日，20:51:02

① 这些搜索内容也唤醒了我痛苦的回忆。我曾身患重度抑郁症十多年，严重时甚至想自杀。

搜索的内容	日期，时间
租房	3 月 2 日，14:27:12
www. plentyoffish.com	3 月 7 日，10:10:53
www plentyoffish.com	3 月 7 日，10:11:03
christianmingle（基督教徒交友网站）	3 月 7 日，10:14:00
自杀	3 月 7 日，10:20:36
药品	3 月 7 日，10:26:27
如何自杀	3 月 7 日，10:34:34

　　试想上面的搜索内容来自一个没有积蓄、居无定所、强忍孤独、挣扎谋生的老年人。

　　数据还显示，有些人绝不会将自己的问题告诉任何人，尽管他们的生活已经难以为继，并考虑结束自己的生命。看看下面一系列令人心碎的搜索内容——一个人正在被慢性疼痛无情地折磨（见表 9–2）。

表 9–2　被疼痛折磨的人的搜索记录

搜索的内容	日期，时间
我无法忍受颈椎疼和背疼	4 月 21 日，23:40:05
人如何在背疼中度过一辈子	4 月 21 日，23:51:45
我很沮丧，因为我好像有纤维肌痛综合征	5 月 8 日，0:58:43
请帮帮我——我有纤维肌痛综合征	5 月 11 日，1:04:03
纤维肌痛综合征有无治愈的方法	5 月 15 日，0:57:50

搜索的内容	日期，时间
自杀和纤维肌痛综合征	5 月 15 日，0:47:48
关节炎和颞下颌关节疼痛	5 月 18 日，13:30:21
颈部底部和背部顶部的疼痛	5 月 19 日，22:24:21
帮助缓解关节炎和纤维肌痛综合征	5 月 19 日，0:26:51
背部颈部疼	5 月 20 日，11:17:58
因颈部疼痛、背痛和颞下颌关节治疗而痛苦	5 月 20 日，0:18:02
自杀	5 月 23 日，12:13:05

基于这些搜索内容，我无法提供太多的自救方法，也许只能提一个生活建议："请保持善良，因为你永远不知道别人正在经历什么。"如果某人某事让你生气，请想象一下这个人回家后做了上述搜索，这样你可能会同情他，而不是感到愤怒。

我们必须记住，很多人的生活并不光鲜亮丽，只有伤痕累累，很多人都在负重前行。

此外，"没有人快乐"当然也是不现实的。事实上，美国社会综合调查结果显示，31% 的美国人认为自己"非常快乐"。

虽然"一切都很好，但没有人快乐"所言不实，但这句话的主旨是对的。虽然生活不是对每个人都十分友好，但从许多指标来看，生活一直在变得更美好。然而，在生活越来越好的客观情况下，越来越多的人并没有因此而更加幸福。

首先，数据是好的。

在过去的 50 年里，即便剔除了通货膨胀的影响，美国的人均 GDP（国内生产总值）也翻了一倍多（见图 9-1）。太棒了！

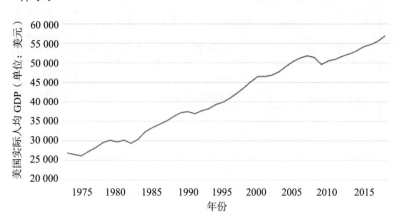

图 9-1　一切都很好：美国实际人均 GDP（1972—2018 年）

更重要的是，GDP 只能反映人们购买的商品和服务的价值，而数字经济免费提供给人们的很多东西不会体现在 GDP 中。最近一项分析试图计算出这部分的经济价值，计算的方法是询问消费者"获赔"多少钱才愿意放弃一项免费服务。根据这一研究，对普通美国人来说，每年搜索引擎价值约 17 530 美元；电子邮件价值约 8 414 美元；数字地图价值约 3 648 美元；社交媒体价值约 322 美元。[1] 而我们实际上为这些服务支付了 0 美元。太棒了！

接下来是关于快乐的数据。据报道，同一时期的全美快乐指数并没有上升。1972 年，也就是美国社会综合调查搜集数据的第一年，人均 GDP 还不到现在的一半，那时也没有谷歌搜索、谷歌地图或谷歌邮箱，但 30% 的美国人认为自己"非常快乐"，这个数字与如今的大致相同（见图 9–2）。[2]

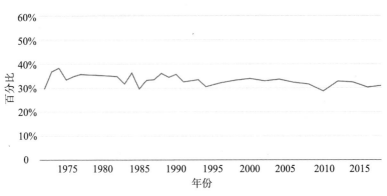

图 9–2　人们并没有变得快乐：觉得自己"非常快乐"的
美国人所占百分比（1972—2018 年）

所以，尽管一切都越来越好，但人们并没有更快乐。为什么？

我们变得越来越富有却没有变得更快乐的一个原因是，金钱对快乐的影响很小。马修·基林斯沃思是 Trackyour-happiness.org 的创始人，这个项目和快乐地图项目一样，可以给 iPhone 用户发送推送消息，让他们记录自己的快乐。基林斯沃思对个人收入和快乐之间的关系进行了史上最大规模的研究——研究包括约 170 万个数据点。他发现，收入的提高确实能增加快乐，但影响很小，对高收入者来说尤其如此。³如果收入翻倍，快乐值的标准差约增加 10%，这真的不算多。

人类追求快乐的另一个挑战是，我们的思维有点儿糟糕。我的一个朋友曾比喻，如果大脑是一个操作系统，那它肯定是个旧系统，人们绝对会让它返厂重修。思维限制我们追求快乐的一个关键是：我们无法专注于当下。

这在基林斯沃思的另一项研究中也得到了证实，此次研究是基林斯沃思与丹尼尔·吉尔伯特合作进行的。研究人员除了询问 Trackyourhappiness.org 的用户在做什么以及他们有多快乐之外，还问了下面这个问题："除了你正在做的事情，你还在想别的吗？"（如果他们回答"是"，那么追加问题是，他们在想的是愉快的事情、普通的事情，还是不愉快的事情。）

研究发现，46.9% 的人都在一心二用。研究还发现，如果一个人在做一件事情时还在想别的事情，那么很明显他没有那么快乐。①令人震惊的是，即使人们思考的另外一件事情是愉快的，这也不如他们专注于手头的事情让人快乐；如果人们思考的是普通的或不愉快的事情，人们就会感到痛苦。

正如研究人员所总结的："人类的思想是流浪的思想，流浪的思想不是快乐的思想。"

---

① 有趣的是，性爱是唯一一种只有不到 30% 的人会在过程中一心二用的活动，这可能是它最让人快乐的部分原因。

思想会流浪可能是冥想有助于快乐的部分原因。从古至今都有证据表明，冥想确实能让人快乐。[4]

即使在一个越来越好的世界里，要想快乐也是一个巨大的挑战，这在很大程度上是因为人类思维存在缺陷。而在现代生活中，还有其他原因让人们不容易感到快乐，其中许多已经被快乐地图项目揭示了。简言之，人们常深陷沮丧的情绪而无法自拔。

自 2003 年以来，美国劳工统计局一直进行着一项时间使用调查，调查要求部分美国人报告他们如何度过一天中的每分每秒。

我把这部分数据与上一章讨论的快乐地图项目所生成的快乐活动表进行了比对。我把活动分为三类：最快乐的——从性爱到冥想和宗教活动；一般快乐的——从与孩子一起玩耍到听播客；最不快乐的——从梳洗打扮到卧病在床。

我发现，美国人在最快乐的活动上平均每天只花大约 2 个小时。相比之下，他们在最不快乐的活动上平均每天要花大约 16.7 个小时。其中一个原因是，睡眠被认为是最不快乐的活动之一。而除去每天约 8.8 小时的睡眠时间外，美国人清醒时也有一半的时间花在最不快乐的事情上——主要是工作、做家务、通勤和打扮。

此外，美国人似乎并没有将增长的财富转化为更多的时间，然后去做一些让人快乐的事情。2003—2019 年，美国实际人均收入增长了 20% 多，硅谷提供了那些令人赞叹的免费产品，但美国人花在最快乐的活动上的时间更少了。这主要是由于人们花在"与人聊天、进行社交"上的时间从 0.93 小时减少到 0.77 小时，以及人们花在"冥想、宗教活动"和"园艺活动"上的时间均略有减少（见表 9–3）。

表 9–3　每天平均花费的时间

	最不快乐的活动（比如：工作、做家务）	一般快乐的活动（比如：吃饭、照顾孩子）	最快乐的活动（比如：社交、去电影院）
2003 年	16.71 小时	5.22 小时	2.07 小时
2019 年	16.72 小时	5.42 小时	1.86 小时

无法将增长的财富转化为更多的快乐引出了现代社会中更大的问题，这些问题已经在很多类似快乐地图等使用相似数据源的研究中有所体现。在现代生活中，我们面临着很多简单的陷阱，它们阻碍我们获得快乐。如果你能避开它们，你就更有可能感到快乐。

工作陷阱

工作的感觉太痛苦了。[5]

这就是快乐活动表中最明显的结论。工作是第二痛苦的活动，仅次于卧病在床。

我们的朋友嘴上并不会承认这一点。当你和别人聊起工作时——在鸡尾酒会等社交活动和社交媒体上，他们总会说"我为工作而活""我爱我的工作"，或者至少是"我喜欢我的工作"。

但是，当快乐地图调查人们工作时有多快乐并允许匿名作答时，人们对工作的看法变得悲观。数据显示，工作比做家务、照顾老人或排队更痛苦。这表明，当许多人说喜欢或热爱工作时，他们可能是在对自己或对你撒谎。

许多人在工作中感到痛苦，这件事情其实非常悲哀。想想看，大多数成年人醒着的大部分时间都花在工作上，而且大多数人在工作时感到痛苦，这意味着大多数成年人在醒着的大部分时间都非常不快乐。

这个问题明显没有可行的解决办法。快乐活动表上的另外一些发现给我们提供了对应的解决方案。

问题：快乐活动表显示，通勤会让人不快乐。
解决方案：搬到工作单位附近住。

问题：快乐活动表显示，吸烟会让人不快乐。
解决方案：戒烟。

但大多数成年人不能停止工作。大多数成年人需要工作甚至加班才能养活自己及家人。

这是否意味着成年人的生活注定很糟糕，每周只剩下几个小时来进行让人快乐的活动？

其实不尽然。

是的，工作是成年人的主要活动，经常让人痛苦，快乐地图已经证明了这一点。但也有一些方法可以让工作变得不那么痛苦，甚至令人愉快。确实有些人就觉得工作并没有那么痛苦。

那么，如何解释这些人的存在？如何成为这样的人呢？

快乐地图项目的联合创始人乔治·麦克隆研究了人们在工作期间还做了什么，以及那些让人们哪怕更喜欢工作一点点的事情。麦克隆和他的朋友亚历克斯·布赖森一起为这个项目工作，这是一个让工作更加快乐的明智决定。下面我来详细介绍一下！

麦克隆和布赖森发现，第一种缓解工作痛苦的方法是听音乐。人们如果在工作时间中，有 5.6% 的时间一边工作一边听音乐，快乐值会增加 3.94 分，这使人们工作时的总体快乐值从 −5.43 分提升至 −1.49 分。如果你觉得工作令你心烦意乱，那么你可以试着听些歌缓解一下。

第二种缓解工作痛苦的方法是居家办公。麦克隆和布赖森发现，居家办公的人的快乐值平均要比其他"打工人"的快乐值高 3.59 分。也就是说，一个在家工作且工作时听音乐的人，很可能在工作时不再痛苦。

快乐地图项目的数据只显示了一种可以真正让人忍受工作的方法，或者让人享受工作的方法。这也是数据支撑下的第三种可以缓解工作痛苦的方法，同时也是最重要的一种。在快乐地图的数据集中，和朋友一起工作的人比和其他人一起工作的人快乐得多，和朋友一起工作可以极大地提升快乐值，使工作变为一件乐事。在朋友的帮助下，人们可以从每日痛苦地工作变成每日快乐地工作（见表9-4）。[1]

表9-4 打工人的快乐值变化

工作（根据手头的工作内容）	-5.43 分
居家办公	+3.59 分
边工作边听音乐	+3.94 分
和朋友一起工作	+6.25 分

根据麦克隆和布赖森的研究数据，我估计大部分人在和朋友一起工作时，都和独自一人放松时一样快乐。回想一下上一章中的内容，虽然放松并没有产生那么多的快乐，但它远远好于一般打工人所感受到的痛苦。

---

[1] 这是一个技术要点。在麦克隆和布赖森的论文中，与朋友一起工作能够带来更多快乐，是因为两方面：与朋友在一起对快乐的影响，以及工作时与朋友互动的影响。和朋友一起工作的好处完全来自和朋友在一起。这意味着朋友总是能带给我们快乐，包括工作的时候。我将在下一节中进一步阐述这个观点。

打工人边居家办公边听音乐，如果再和朋友一起工作（也许是在 Zoom 上，也许是因为工作的关系朋友来家中做客），便能在工作时感受到和做运动时一样快乐。你可能还记得，运动是让人最快乐的活动之一。

在阿尔贝·加缪所著的《西西弗的神话》一书中，西西弗被神明责罚，需要反复把巨石推到山顶。当西西弗到达山顶时，巨石就会滚下去，西西弗只好从头再推，往复不断。加缪认为这是对劳动者的一个隐喻，劳动者必须在职业生涯中不断地完成毫无意义的任务。西西弗不得不推一块块石头，丹德米夫林公司的员工不得不写一篇篇工作日志。

这似乎是现代生活的黑暗之处，但在书的结尾出现了一个转折，加缪写道："一切都很好。"最后一句话是："人们应该认为西西弗是快乐的。"加缪用一段令人震惊的文字，将一个悲观而残酷的故事变成了乐观的故事。

现代数据告诉我们，加缪像许多其他著名哲学家一样有智慧，但在没有适当的统计工具的情况下，他的理论大错特错。对现代打工人来说，一切都很糟糕。如果我们仅凭想象就认为他们很开心，那就错了。事实上，要想让想象与现实相符，我们就必须设身处地，因为我们身边的"西西弗们"正在经历5.43 分的痛苦。

如果一位现代哲学家想写一个隐喻现实的故事，他可以借鉴加缪的书，写一本《西西弗和西西法的神话》，让一对最好的朋友被神明责罚，反复推石上山。

有时，二人齐力推石。有时，一人休息，另一人推石头。有时，一些位高权重的白痴试图说教，对他们的工作指指点点，二人则翻个白眼，嘲笑对方。有时，他们会在休息时讨论最近的约会、最喜欢的电视节目或幻想成为足球名将。一切都很好。如果根据人类发明的最好的工具来衡量他们的当下效用，西西弗和西西法确实是快乐的。

或者，总结一下工作相关的数据：多注意和谁一起工作。如果和朋友一起工作，工作更有可能令人快乐。[1]

"忽视朋友或恋人"的陷阱

朋友不仅影响我们工作的心情，而且是我们快乐生活的关键。事实上，朋友给打工人带来快乐并不是稀罕事儿。在另一篇论文中，麦克隆与朋友苏珊娜·莫拉托一起开展了一项研究，研究社交、恋爱如何影响快乐。

---

[1] 另一种对抗工作的方式是辞去一份糟糕的工作，这个方法也有数据支撑，而且数据来自一项极其高明的研究。《魔鬼经济学》的合著者史蒂芬·列维特让人通过抛硬币的形式做出一些重大决定，比如是否辞职。不可思议的是，许多人都愿意听从硬币的建议。列维特发现，几个月后，抛硬币后辞职的人比抛硬币后继续工作的人要快乐得多。

在这篇论文中，研究人员区分了同一人在同一时间做同样的活动时是独自一人还是和其他人一起。研究人员还会区分不同类型的同伴——恋人、朋友、家人等。

结果如何？

人们最快乐的时候是与恋人、朋友等我们自己选择的人待在一起的时候。相比于独自一人，人们与恋人或朋友在一起平均能多获得 4 分以上的快乐值。

其他人并不会让我们更快乐。当人们和其他人在一起时，平均只能获得很少的快乐，甚至还不如独处时快乐（见表9–5）。

表9–5　与人相处的快乐表

人员类型	与独处相比，与此类人相处获得的快乐（分）
恋人	4.51
朋友	4.38
其他家庭成员	0.75
客户、顾客	0.43
孩子	0.27
同事、同学	−0.29
参与实验的人员认识的其他人	−0.83

人们常说，在生活中需要和人打交道，人天生就是群居生物。很明显，麦克隆和莫拉托的研究表明，我们和其他人在一起时明显可以更快乐，不过这取决于其他人是谁。我们和那些

我们不太了解或算不上密友的人在一起时，并没有那么快乐。

与恋人或密友互动时，我们的快乐值得到了极大的提升。但是任意一个老同学呢？工作同事呢？点头之交呢？数据显示，与这些人的互动往往不会让我们更快乐。事实上，数据告诉我们，自己独处时总是比与弱关系互动时快乐。正如乔治·华盛顿所说："独处比与糟糕的伙伴相处要快乐。"如果乔治·华盛顿足够长寿，他在了解了现代关于快乐的研究后或许会说："在 0~100 分的范围内，独处时的快乐值要比与糟糕的伙伴相处时的快乐值高 0.83 分。"

社交媒体陷阱

社交媒体让我们痛苦吗？

是的。

与人相处的快乐表表明，社交媒体可能会让我们不开心。我们在社交媒体上不仅和恋人或密友等让我们快乐的人互动，还与弱关系，即那些不会让我们快乐的人互动。

快乐活动表还表明，在社交媒体上互动是休闲活动中产生快乐最少的一项活动。

下面还有更多的证据能证明这一点。

来自纽约大学和斯坦福大学的研究人员最近对脸书的用户

进行了一项随机对照实验。[6]研究人员将用户分为两组，即治疗组和对照组。治疗组每人有 102 美元的报酬，他们需要停止使用脸书。[①]对照组则继续正常使用脸书。

超过 90% 的治疗组用户按要求停止使用脸书。他们身上发生了什么呢？

与对照组（像往常一样继续使用脸书）相比，治疗组（不再使用脸书）的人平均在社交媒体上少花了 60 分钟，节省出来的时间都用于和朋友或家人在一起。这些人说他们更快乐了。不再使用脸书所增加的快乐大约是一个人接受个人治疗后所获快乐的 25%~40%。

此外，约 80% 的用户在接受干预后，都觉得自己更快乐了，表示远离社交网络对他们有好处。在实验结束后的一个月里，他们也都成功地减少了使用脸书的时间。

当然，我们大多数人都没有得到为期 4 周的 102 美元戒断费。但我们可以根据对照实验得出的结论，主动减少使用脸书等社交媒体。数据告诉我们，社交媒体让我们很痛苦。

体育运动陷阱

我真的真的很爱运动！你可能已经通过本书前言知道了我

---

① 报酬的价格标准来自之前研究得出的用户放弃使用脸书"获赔"的金额。

对纽约大都会队的痴迷；或者通过我给本书的定位——"日常生活中的《点石成金》"——略知一二；或者通过本书旨在探索生活中的 9 个基本问题，且其中一章讲的就是如何成为一个世界级运动员而猜到了。

是的，我是一个超级体育运动迷，一直都是，永远都是。

所以，我这个获得认证的体育运动迷，问出了下面这个毫无意义的问题：看体育比赛会让人痛苦吗？

麦克隆和萨塞克斯大学的彼得·多尔顿共同进行的一项极其重要的研究，无疑让我重新思考了体育运动在我的生活中扮演的（重要）角色。麦克隆和多尔顿想看看，在球迷最喜爱的球队赢了或输了一场比赛后的几个小时里，他们的快乐值是如何变化的。[7]

对于不同足球队的球迷，麦克隆和多尔顿以分钟为单位，研究了球迷在最喜爱的球队赛前、赛中和赛后的快乐值。结果如何？

让我们从赛前开始。在比赛开始前的几分钟里，球迷的快乐值会略有提高（以 100 分制计分，约为 1 分）。他们可能会期待胜利，并从想象的获胜中获得一点点快乐。

赛后会发生什么？毫无疑问，这取决于比赛中发生了什么。

如果支持的球队赢了，球迷会得到大约 3.9 分的快乐。不错！到目前为止，作为一个体育运动迷还是很快乐的一件事。

球迷看到自己支持的球队赢了，自然会很快乐。

但当支持的球队输了时会发生什么呢？如果球队输了，球迷的快乐值将会减少 7.8 分。（如果是平局，球迷的快乐值会减少 3.2 分。）换句话说，失利给球迷带来的痛苦远远超过胜利带来的快乐。

球迷似乎做了一笔糟糕的交易。因为，如果球队的输赢概率差不多，那么球迷经历的痛苦就要比快乐多（见图 9–3）。

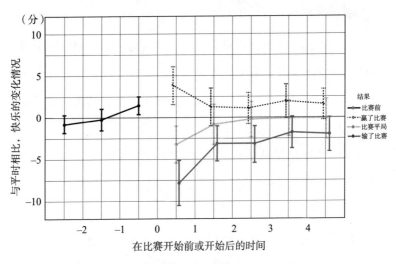

图 9–3 体育运动陷阱：胜利的快乐，失败的痛苦

球队输赢对球迷快乐值的影响很大。假设一个人支持 4 支球队，纽约尼克斯队、纽约大都会队、纽约喷气机队和流浪者队。在一年的时间里，根据快乐地图的数据推断，他可能会失

去 684 分的快乐。换句话说，作为 4 支球队的狂热球迷，他在情绪上大致相当于每年多卧病在床 2.2 天。

那么，球迷们该怎么做呢？有什么办法可以避开体育运动陷阱吗？

一个明智的选择是支持更好的球队。从数学的角度来讲：如果赢球能得到 3.9 分的快乐，输球失去 7.8 分的快乐，那么只要你支持的球队胜率超过 66.7%，你就会从观看体育比赛中得到更多的快乐而不是痛苦。

我父亲曾试图这么做。多年来对纽约大都会队的支持给他带来了挫败感，于是他决定转向支持纽约洋基队，因为纽约洋基队是总决赛常客。就像我父亲在一个清秋的夜晚对我说的那样："儿子，生命太短暂了，我们不能支持一支糟糕的球队。"

企业家兼政治家安德鲁·杨对篮球运动也做了类似的计算。在支持了近一辈子纽约尼克斯队后，他转而支持布鲁克林篮网队。"它比尼克斯队要好，伙计，"他告诉《福布斯》，"尼克斯队的管理层太……太糟糕了。"[8]

我爸爸和安德鲁·杨聪明吗？他们逃过了麦克隆和多尔顿发现的体育运动陷阱了吗？

没有！

麦克隆和多尔顿进一步分析了数据。他们发现，球迷的情绪会随球队实力的强弱而变化，这限制了他们从一支伟大球队的胜利中获得更多快乐。特别是当球迷支持的球队被期望赢得比赛时，赢球只会让球迷获得 3.1 分的快乐，输球却会让他们失去 10 分的快乐。换句话说，你支持的球队实力越强，球队赢球才能给你带来越多快乐（见表 9–6）。

表 9–6　球迷的快乐变化程度

	球队被期望赢得比赛	球队被期望输掉比赛
球队赢了比赛后球迷快乐值的平均变化（分）	+3.1	+7.0
球队输了比赛后球迷快乐值的平均变化（分）	–10.0	–6.3

值得注意的是，这里与成瘾有很多相似之处。对于许多毒品，比如可卡因，一个人吸得越多，获得的快感反而越少；中间暂停的次数越多，就越痛苦。

在某种意义上，纽约洋基队和可卡因一样。一支战绩绝佳的球队必须赢得更多场胜利才能带给你快乐，任何爆冷的失利都会给你带来极大的痛苦。数据表明，球迷只有支持一支能不断获胜的球队才能摆脱体育运动陷阱，但这根本不可能。

这是否意味着我们这些体育运动迷应该将体育运动从生活中完全剔除？这些快乐地图研究是否等同于那些证明吸烟会致癌的早期研究？体育比赛是否应该收到卫生部部长的警告，以提醒我们对失望和痛苦要有足够的心理预期？

不完全是。

回到前面的快乐活动表。（如果你懒得回头查看，我来帮你回忆。）请注意，观看体育赛事是一种相当快乐的活动，快乐的程度介于业余爱好和跟宠物一起玩之间。

从快乐的角度来看，观战失利的痛苦并不会在每场比赛中都出现。但是，当我们是铁杆球迷时，换句话说，当我们过于关心结果时，痛苦就来了。数据表明，我们越不关心结果，就越能够享受比赛。

在体育消费中，我们需要更"佛系"。如果我们看比赛时不太关心比赛结果，我们就可以欣赏世界级运动员身上的艺术性。如果我们看比赛时太关心比赛结果，我们就会掉进患得患失的陷阱，输掉比赛给我们带来的痛苦远大于获胜给我们带来的快乐。

让我们总结一下体育数据带给我们的结论：观看更多你不是其铁杆球迷的球队的比赛吧。

酒精陷阱

尼尔·布伦南是一名一生都在与抑郁症做斗争的喜剧演员。他的密友，同为喜剧演员的戴夫·查普利建议他"喝一杯"。"但我不喜欢，我不喜欢喝酒。"布伦南说。[9]查普利表示，许多成年人——不包括他的朋友布伦南——都用酒精来逃避生活中的忧郁。

这是明智之举吗？

当然，理智清醒之人的建议与查普利的建议正好相反。大家都知道要远离酒精、避免滥用药物，要在没有人工情绪增强剂的情形下保持快乐。对相当一部分酒精成瘾的人来说，这无疑是一个正确的建议。酒精会给人们的生活带来很多危害。

非酒精成瘾的人呢？他们该喝酒吗？他们什么时候可以喝酒？

这里有许多相关的实证问题。喝酒到底能够给人带来多少快乐？在数小时或几天的情绪低落后喝酒买醉会付出代价吗？喝酒时的情绪是否取决于人们当时在做什么？

10 年前，这些问题的答案可能是"不清楚""不清楚""不清楚"。但是，就像许多与快乐相关的研究一样，快乐地图改变了我们对酒精与快乐之间关系的理解。快乐地图的用户可以报告他们是否"喝酒"了以及他们有多快乐。麦克隆和本·鲍姆贝格·盖格共同研究了关于酒精和快乐的数据。[10]

结果并不令人感到震惊。同一个人，做同样的活动，和同样的人一起，如果同时小酌，他的快乐值会增加 4 分。酒精确实能让人们感觉更好。

但之后会发生什么？人们会失去所获得的 4 分快乐吗？周

六晚上酒精带给你的快乐在周日早上会消失吗？研究人员追踪了人们饮酒后的情况。平均而言，头天晚上饮酒后，在第二天早晨，人们的情绪没有什么变化。不过研究人员发现，第二天早晨醒来，人们会感到更累一些。

研究人员还通过不同的活动来细分酒精所带来的刺激。他们研究了两个问题：人们在做什么事时通常会喝酒？在不同活动中，酒精分别能给人带来多少快乐？

让我们先回答第一个问题。人们在社交时最有可能喝酒，这并不奇怪。科学家们发现了一个令人惊讶的喝酒模式：当人们在做一项很有趣的活动时，他们很愿意喝点儿什么，不管有没有酒精（见表9-7）。换句话说，人们喝酒只是为了使快乐的夜晚变得更加快乐。

表9-7　人们在做什么事时会喝酒

与人聊天、进行社交	49.2%
看电视、看电影	31.2%
吃饭、吃零食	27.9%
听音乐	10.4%
睡觉、小憩、放松	7.4%

现在回答第二个问题：在不同活动中，酒会如何影响我们的情绪？研究表明，当进行一项并不愉快的活动时，我们往往

会从酒精中得到最大的情绪刺激（见表9–8）。

表9–8　酒精对情绪的影响

最能被酒精刺激情绪的活动（人们在喝酒时比在清醒时做这些活动快乐得多）	最不能被酒精刺激情绪的活动（人们在喝酒时和在清醒时做这些活动的快乐差不多）
• 旅行、通勤 • 等待、排队 • 睡觉、小憩、放松 • 吸烟 • 洗衣服、穿衣服、打扮	• 性爱 • 戏剧、舞蹈、音乐会 • 与人聊天、进行社交 • 看电视、看电影 • 阅读

布鲁斯·斯普林斯汀的音乐会真的很有趣，有没有喝酒都是；做爱真的很有趣，有没有喝酒都是；和朋友聊天真的很有趣，有没有喝酒都是。旅行、通勤往往很糟糕，而人们喝点儿酒好像就可以忍受了。等待、排队、洗衣服、穿衣服、打扮也是如此。

这些结果表明，我们中的许多人错误地使用了酒精，因为我们常常在最不能被酒精刺激情绪的活动中饮酒。结果还表明，一些违背直觉的饮酒策略，确实可以让人更加快乐。

比如，你准备和朋友出去玩。大多数人在准备出发时都会保持清醒，外出后才会喝酒。数据显示，如果你在淋浴时喝一杯，出发前保持微醺，到达目的地后恢复清醒，那么你可能会更快乐。当你准备出去玩时是微醺的状态，你会非常开心；当你清醒过来在外面玩时，你也会非常开心。

再举个例子，你去听一场音乐会，然后再坐网约车回家。大多数人会在音乐会上喝几杯酒，然后在回家的路上恢复清醒。数据显示，如果你在音乐会中保持清醒，并在网约车来之前喝几杯酒，你可能会有一个更快乐的夜晚——音乐会上清醒并快乐，微醺着坐车回家。

我需要再次强调一下酒精的危害。酒精会破坏一些人的正常生活，当然，如果你和同事一起喝酒，在淋浴时喝酒，或在飞机上喝酒，你需要特别小心谨慎。

所以，对于我接下来的建议，大家需要非常谨慎地对待。如果你没有酒精成瘾，那么酒精可以是一种重要的情绪增强剂。当你在做一些已经很有趣的事情时，比如社交或做爱，你可以考虑少量喝酒。在大多数时候，喝酒可以帮助你在一些活动中减少痛苦和无聊。但需要再次强调的是，你必须非常谨慎地对待这个建议，因为违背直觉的、数据支撑下的饮酒建议和酗酒之间的界限非常模糊。

不够亲近大自然的陷阱

《你在自然环境中会更加快乐》，这是麦克隆和莫拉托基于对快乐地图的数据分析发表的一篇论文的标题。

这篇论文认为（正如你从论文标题中猜到的那样），亲近大自然是快乐的重要组成部分。[11] 想要更快乐吗？科学家建议我们试着花更多的时间在田野、山脉和湖泊上，少花时间在地铁、会议室和沙发上（当然，除非你在沙发上做爱，正如前面提到的，这是最令人快乐的活动）。

科学家是如何证明融入大自然会让人们更快乐的呢？

仅仅看快乐活动表我们就可以发现，大自然和快乐之间的关系非常明显。最快乐的 10 项活动中有 5 项（比例达50%）都是在大自然中进行的，包括"运动""园艺活动""观鸟""打猎、钓鱼""散步、远足"。最令人痛苦的 10 项活动中有 10 项（比例达 100%）都不是在大自然中进行的。

当然，上述这种联系本身并不能证明身处大自然会使人们快乐。也许在大自然中所做的活动与快乐相关联的原因是，这些活动本身更有趣，而与活动地点无关。

当然，最悲惨的活动——卧病在床——永远不可能发生在自然界。但如果你在自然界中生病了，那你依然很惨。如果你在日落时躺在大峡谷的边缘，但你的喉咙在烧、胃在痛、头在疼，你也会很痛苦。

不过，麦克隆和莫拉托进行的研究进一步证实了自然界与快乐之间的因果关系。他们不单单将在大自然中进行活动的人（如在 5 月一个晴朗的周六，在约塞米蒂国家公园徒步）和在室内进行活动的人（如在 2 月一个下雨的周二，一个人卧病在床）

进行了比较，更是以任何能想到的可以衡量的方式，比较了同一个人在其他条件相同的情况下，在不同环境中的快乐程度。

下面是该研究背后的原理。假设约翰每周五下午 5 点和朋友一起跑步，只要天气晴朗、阳光充足。在这样的日子里，他有时会在伦敦街边跑步，有时会去公园，有时会去湖边。研究人员比较了约翰在不同环境下跑步的快乐程度。此外，假设莎拉每周一下午 2 点都要参加工作会议。但有一次，她在室外的一片草地上参加了会议；而除此之外，她通常在会议室里参加会议。研究人员比较了莎拉在不同场景下开会的快乐程度。因为快乐地图上的数据集规模庞大，所以研究人员可以在很多人身上进行类似的研究。

他们如何判断一个人是否身处大自然？回想一下，快乐地图只询问人们在做什么，和谁在一起，并没有询问具体地点。这就体现了使用智能手机的神奇之处。iPhone 等手机会向研究人员提供包含用户所在位置经纬度的 GPS（全球定位系统）报告。然后，麦克隆和莫拉托可以将其与另一个数据集进行匹配；另一个数据集包括美国国土范围内每一个角落的环境类型。所以，闲话少说，表 9–9 是同一个人在不同环境中做同样的活动时快乐程度的差异。

看完这张表后，在麦克隆和莫拉托的帮助下，我终于找到了问题的答案——快乐的原因是什么。

表 9-9　快乐地理表

地理环境类型	与城市环境相比，人在这个环境下获得的快乐（分）
海洋和海岸边缘	6.02
高山、荒原或荒野	2.71
林地	2.12
半天然草原	2.04
封闭的农产	2.03
淡水、湿地和冲积平原	1.8
发达的郊区、农村	0.88
内陆裸地	0.37

　　如果我想要得到快乐，我要做的就是花更多的时间待在"海洋和海岸边缘"。现在只剩下一个问题：我完全不清楚"海洋和海岸边缘"是什么地方。此外，我也不清楚"荒原"或"荒野"意味着什么；麦克隆和莫拉托发现这里也能给人们带来不少快乐。

　　谢天谢地，我能上网查询这些术语。"海洋和海岸边缘"指的是海洋、靠近海洋的陆地。

　　虽然麦克隆和莫拉托没有研究欣赏"海洋和海岸边缘"图片能给人带来多少快乐，但我想我应该提供一张图片——万一这样也能改善读者们的情绪呢（见图 9-4）。

　　根据维基百科，"荒野"和"荒原"是"排水性很好的酸性贫瘠土壤……特征是覆盖开阔、低矮的木本植被"，不过我仍然无法真正理解，但图 9-5 是这种景色的照片。

图 9-4　海洋和海岸边缘

注：世界上最让人快乐的地方。

图 9-5　荒野和荒原

注：待在这样的地方会让你的快乐值增加 2.71 分。

　　我们应该如何考虑自然环境对一个人快乐的影响呢？让我们把它和快乐活动表比较一下吧。如果你在一个会议中，你的快乐值为 –1.5 分；但如果你在"海洋和海岸边缘"开会，例如在海边开会，你的快乐值约为 4.5 分，这大致相当于看了一场体育赛事。换句话说，把会议室从城市搬到海边，能够让一项无聊的活动变得有意思，效果很明显！

大自然引人注目的一个方面是它的美丽。快乐地图中的数据也表明，待在美丽的环境中，即便不是在自然环境中，也可以改善我们的情绪。[12]

查努基·伊鲁斯卡·塞勒斯赫等研究人员进一步探讨了这一点。他们利用了一个新的网站——ScenicOrNot，要求一组志愿者对英国各个角落的美丽程度进行评分。图 9–6 是志愿者评选出的最美丽的地方之一。

图 9–6 最美丽的地方之一

注：人们认为这个地方很漂亮。在其他条件相同的情况下，人们认为待在这样的地方非常开心。

研究人员可以利用快乐地图上用户的 GPS 数据，看看他们在英国的哪个位置以及那个地方的美丽程度。然后，研究人员可以将麦克隆和莫拉托研究中的因素，如活动、时间、同伴、天气及环境类型，考虑进去。他们现在可以比较同一人，和同样的人在一起，在同一时间、同一气候和同一环境（比如"海洋和海岸边缘"）中，做同样的活动时，如果环境的美丽程度不同，人们的快乐程度是否相同。

在其他条件相同的情况下，研究人员发现，与风景最差的地方相比，待在风景最好的地方能增加 2.8 分的快乐。从这些数据中得出的结论非常清晰——人要想更快乐，可以走入大自然，寻找周围的美丽风景。

这些结果得到了由斯耶普·德·弗里斯带领的另一个研究团队的证实。受到快乐地图项目的启发后，他们开发了自己的应用程序，名为 HappyHier。这一程序可以给荷兰用户发消息，询问他们有多快乐。[13] 他们也发现，人们在大自然的海岸或水域这些地方最快乐。有趣的是，这些研究人员还发现，当一个人在靠近海岸或湖边的室内环境时，这种快乐也存在——也许是因为外面的景色让人兴奋。

还有一个关于环境如何影响心情的终极问题：天气是如何影响我们的心情的？麦克隆和莫拉托也分析过这一点。他们再一次比较了同一人，在同样的时间做着同样的活动，在不同天气下的心情如何。

研究结果一点儿也不令人惊讶。阳光比雨水更让人快乐（啊，果然如此！），温暖的日子比寒冷的日子更让人快乐（啊，果然如此！）（见表9–10）。

表9–10　快乐天气表

天气	人在户外时，在这种天气下获得的快乐（分）
下雪	1.02
晴朗	0.46
雾	−1.35
下雨	−1.37
0~8℃	−0.51
8~16℃	0.29
16~24℃	0.99
24℃或以上	5.13

但天气对心情的影响程度令人惊讶。迄今为止，温暖的天气对快乐的影响最大。当气温达到24℃或更高时，人们自我感觉的快乐值平均会增加5.13分。相比之下，其他天气对快乐的影响相对较小。如果天气寒冷，人们不会更痛苦。而雨水的负面影响明显小于温暖的积极影响。

就天气而言，完美天气是"锦上添花"，而糟糕天气并不会"阴魂不散"。

将快乐天气表与麦克隆、莫拉托研究得出的其他图表进行比较，我们也可以得出一个重要的观点：在决定一个人的快乐方面，其他因素往往比天气更重要。[14] 下面是几个例子。

- 即便是在室外不到2℃的雨天里，人和朋友在一起也比独自在约21℃的晴天里更快乐。
- 人在不到2℃的湖边待一天比在约21℃的城市里待一天更快乐。
- 人在不到2℃的一天喝酒比在约21℃的一天不喝酒更快乐。
- 人更喜欢在不到2℃的雨天做运动，而不是在约21℃的晴朗日子里躺着发呆。

明媚的阳光、完美的天气确实可以改善我们的心情，但不要夸大天气的重要性。天气本身并不能让你快乐，你还是需要和让你快乐的人一起做让你快乐的事情。

结　语

　　读者朋友们，是时候总结这本书了。因为第八章讨论过峰终定律，所以我知道我必须好好总结这本书。你对这本书的感受将在很大程度上取决于你对最后这几段的感受。而且，对那些认为读这本书就像做结肠镜检查的人来说，也许我可以让它像第八章中提到的病人 B 的结肠镜检查一样：让最后这部分内容没有那么糟糕，让你记住这次阅读的经历不那么痛苦。

　　那么，我们从相亲网站、纳税记录、维基百科词条、谷歌搜索和其他大量数据中学到了什么呢？

　　它们告诉我们，我们对世界如何运作的看法与世界实际运作的方式并不相同。

　　有时，数据告诉我们反直觉的真实见解，比如典型的美国富人是饮料批发经销商；再比如，随着时间的推移，特征完全不同的夫妻可能变得更幸福，也可能变得更不幸福。

有时，数据告诉我们反-反直觉的见解。这些见解很有意义，但不知何故并没有成为传统智慧。在现代生活中，媒体等诸多信息来源中不具代表性的数据显然欺骗了我们。

　　数据告诉我们的内容是乔治·麦克隆、苏珊娜·莫拉托等人研究得出的重要结论。他们的研究聚焦于人们一生最重要的话题：快乐。读完关于快乐的开创性现代研究，我得出的结论是：快乐没有我们想象的那么复杂。人们或许未曾在意过那些真正让人快乐的事情，比如，和朋友出去玩或在湖边散步。

　　然而，现代社会试图欺骗我们，让我们去做一些并没有那么快乐的事情。这些事情惹人厌烦，已有数据能够证明；同时，我们如果还有一点儿常识，也能略知一二。许多人常年在不喜欢的工作中卖力，和不喜欢的人做同事；许多人每天会花几个小时仔细查看社交媒体上的最新内容；许多人好几个月都没有去实实在在地感受大自然。

　　快乐地图及类似项目的数据告诉我们，如果我们不快乐，那么我们就必须问问自己，我们是否做了足够多的能让自己快乐的（小）事情。

　　在看完所有关于快乐的研究之后，我问自己，是否可以把现代快乐研究的所有结论归纳为一句话，并将其称为"数据对生活之问的回答"。

　　我们如何总结这个回答？在智能手机的帮助下，数百万次调查揭示了有关痛苦和生存的什么秘密？"数据对生活之问的回答"是什么？

回答是：你应该与你的爱人一起，在一个温度约为 27℃、阳光明媚的日子里，俯瞰一片美丽的湖泊，做爱。

致　谢

当我读一本书时，我通常先读致谢。我是唯一一个这么做的人吗？无论如何，我希望任何喜欢阅读致谢的读者都喜欢接下来的内容。

我先要隆重感谢书中提到的科学家。感谢他们所做的研究，以及他们愿意与我讨论。特别是艾伯特–拉斯洛·巴拉巴西、保罗·伊斯特威克、塞缪尔·P.弗雷伯格、萨曼莎·乔尔、乔治·麦克隆、亚历山大·托多罗夫、丹尼·亚甘和埃里克·兹威克等人，我从与他们的讨论中受益匪浅。

我对相关研究的解读可能与研究人员的本意有所不同，所有的原始研究都可以在注释中找到。

感谢安娜·加特、斯宾塞·格林伯格、戴维·凯斯坦鲍姆、洛乌·科丽娜·拉坎布拉和比尔·马伦，他们在我搜集数据、案例，以及开展研究的过程中提供了很大帮助。

感谢科伦·阿皮切拉、萨姆·阿舍、埃丝特·达维多维茨、阿曼达·戈登、内特·希尔格、马克西姆·马森科夫、奥雷莉·奥斯、朱莉娅·鲁巴列夫斯卡娅、约翰·辛林斯、卡蒂亚·索博尔斯基、乔尔·斯坦、米切尔·斯蒂芬斯、劳伦·斯蒂芬斯-达维多维茨、诺厄·斯蒂芬斯-达维多维茨、洛根·乌里和吉恩·杨，他们对本书各个章节给予了反馈。

感谢苏拉夫·乔杜里和亚当·夏皮罗，他们向我提供咨询服务，用友谊和温柔推动我完成本书。

感谢赫希和西塞尔家族，他们同样用友谊和温柔推动我完成本书。

感谢我出色的编辑马特·哈珀，他用不那么温和的方式，帮助我高效地完成本书的撰写，他有一项艰难的任务——让我集中注意力写书，他完成得很出色。

感谢"#你的假新闻"，让我沉迷于花样不断的模因和激烈的政治辩论中。

感谢出色的事实核查者梅尔维斯·阿科斯塔。他对细节的关注非常人所及。他给本书草稿中的每一章节都做了详尽的批注。如本书还有错漏，那可能是因为我忽略了他的某项批注。

感谢我的经纪人埃里克·卢普弗，他仍然富有思想和创造力。

感谢我的父母。第二章的研究表明，父母可以影响孩子对他们的看法。我认为我的父母是世界上最好的父母。所以，因果关系的结果实现了，爸爸、妈妈！我也怀疑，我们家在家庭对子女事业的帮助上是个例外。

感谢我的家庭成员。第九章的研究表明，平均而言，人们和家人在一起时并没有更快乐。但如果快乐地图或其他抽样研究测量了我的快乐程度，我相信当我和诺厄、劳伦、马克、约拿、萨沙等斯蒂芬斯-达维多维茨-奥斯蒙德-弗里曼-怀尔德斯克莱尔家族的其他成员在一起时，我绝对是非常快乐的。

感谢世界上最棒的心理治疗师里克·鲁本斯。如果快乐地图在过去的10年里追踪我的数据，他们会注意到，我在接受了鲁本斯的治疗后，情绪发生了巨大的变化。感谢你，里克，感谢你帮我走出抑郁症。

最后，感谢朱莉娅，谢谢你所做的一切。你知道，我很难开口表达我的爱意，但你也知道我有多爱你。

附 录

斯宾塞·格林伯格和我进行了相关调查，让人们预测自己在做相关活动时的快乐程度；布赖森和麦克隆研究了人们在做相关活动时的实际快乐程度。下面的表 A 将二者进行了比较。有正差异的活动，如"看展览、逛博物馆、去图书馆"，往往会给人们带来比人们期望的更多的快乐。有负差异的活动，如"睡觉、小憩、放松"，给人们带来的快乐往往比人们预期的要少。

表 A 快乐活动差异表

活动	预测的快乐排名	实际的快乐排名	差异
性爱	1	1	0
照顾宠物、跟宠物一起玩	2	15	−13
业余爱好、艺术、工艺	3	11	−8
与人聊天、进行社交	4	7	−3

活动	预测的快乐排名	实际的快乐排名	差异
戏剧、舞蹈、音乐会	5	2	3
唱歌、表演	6	6	0
睡觉、小憩、放松	7	27	−20
比赛、体育赛事	8	13	−5
玩电脑游戏、玩手机游戏	9	20	−11
看电视、看电影	10	19	−9
观鸟、自然观察	11	8	3
吃饭、吃零食	12	21	−9
玩其他游戏	13	16	−3
打猎、钓鱼	14	9	5
园艺活动	15	5	10
运动、锻炼	16	4	12
照顾孩子、跟孩子一起玩	17	14	3
冥想、宗教活动	18	12	6
阅读	19	24	−5
看展览、逛博物馆、去图书馆	20	3	17
喝茶、喝咖啡	21	23	−2
上网	22	29	−7
喝酒	23	10	13
做饭、准备食材	24	22	2
发短信、发邮件、使用社交软件	25	30	−5
听演讲、听播客	26	25	1

活动	预测的快乐排名	实际的快乐排名	差异
赌博、下注	27	18	9
旅行、通勤	28	32	−4
购物、跑腿	29	17	12
照顾或帮助成年人	30	36	−6
洗衣服、穿衣服、打扮	31	26	5
吸烟	32	28	4
工作、学习	33	37	−4
开会、上课	34	33	1
行政、财务、管理	35	34	1
做家务、自己动手制作东西、做杂活儿	36	31	5
等待、排队	37	35	2
卧病在床	38	38	0

前　言　数据极客的自助书

1. Christian Rudder, *Dataclysm:Who We Are(When We Think No One's Looking)* (New York: Broadway Books, 2014).

2. Samuel P. Fraiberger et al., "Quantifying reputation and success in art," *Science* 362(6416) (2018): 825–29.

3 *The Art of Winning an Unfair Game* (New York: Norton, 2004).

4 Jared Diamond, "How to succeed in baseball without spending money," *Wall Street Journal*, October 1, 2019.

5. Ben Dowsett, "How shot-tracking is changing the way basketball players fix their game," *FiveThirtyEight*, August 16, 2021, https://fivethirtyeight. com/features/how-shot-tracking-is-changing-the-way-basketball-players- fix-their-game/.

6. Douglas Bowman, "Goodbye, Google," https://stopdesign.com/ archive/2009/03/20/goodbye-google.html, March 20, 2009.

7. Alex Horn, "Why Google has 200m reasons to put engineers over

designers," *Guardian*, February 5, 2014.

8. "Are we better off with the internet?" YouTube, uploaded by the Aspen Institute, July 1, 2012,https://www.youtube.com/watch?v=djVrLNaFvIo.

9. Gregory Zuckerman, *The Man Who Solved the Market* (New York: Penguin, 2019).

10. Amy Whyte, "Famed Medallion fund 'stretches...explanation to the limit,' professor claims,"*Institutional Investor*, January 26, 2020, https://www.institutionalinvestor.com/article/b1k2fymby99nj0/Famed-Medallion-Fund-Stretches-Explanation-to-the-Limit-Professor-Claims.

11. More details about Mappiness can be found at http://www.mappiness.org.uk.

12. Rob Arthur and Ben Lindbergh, "Yes, the infield shift works. Probably," June 30, 2016, https://fivethirtyeight.com/features/yes-the-infield-shift-works-probably/.

13. Daniel H. Pink, *To Sell Is Human* (New York: Penguin, 2012).

14. Neeraj Bharadwaj et al., "EXPRESS: A New Livestream Retail Analytics Framework to Assess the Sales Impact of Emotional Displays,"*Journal of Marketing*, September 30, 2021.

15. Data on self-reported-in-Google-searches penis sizes can be found here: https://trends.google.com/trends/explore?date=all&q=my%20penis%20is%205%20inches,my%20penis%20is%204%20inches,my%20penis%20is%203%20inches,my%20penis%20is%206%20inches,my%20penis%20is%207%20inches.

16. Ariana Orwell, Ethan Kross, and Susan A. Gelman, " 'You' speaks to me: Effects of generic-you in creating resonance between people and ideas,"*PNAS* 117(49) (2020): 31038–45.

17. https://en.wikipedia.org/wiki/List_of_best-selling_books.

18. Matthew Smith, Danny Yagan, Owen Zidar, and Eric Zwick, "Capitalistsin the Twenty-First Century,"*Quarterly Journal of Economics* 134 (4) (2019): 1675–1745.

19. Pierre Azoulay, Benjamin F. Jones, J. Daniel Kim, and Javier Miranda, "Age and High-Growth Entrepreneurship," *American Economic Review* 2(1) (2020): 65–82.

20. 同上。

21. 同上。

22. 同上。

23. Yuval Noah Harari, *Homo Deus: A Brief History of Tomorrow* (New York: Random House, 2016).

24. "Yuval Noah Harari. Organisms Are Algorithms. Body Is Calculator. Answer=Sensation~Feeling~Vedan?," YouTube, uploaded by Rashid Kapadia, June 13, 2020, https://www.youtube.com/watch?v=GrQ7nY-vevY.

25. Daniel Kahneman, *Thinking, Fast and Slow* (New York: Farrar, Straus & Giroux, 2011).

第一章　婚姻中的人工智能

1. https:// www.wesmoss.com/news/why-who-you-marry-is-the-most-important-decision-you-make/.

2. Harry T. Reis, "Steps toward the ripening of relationship science," *Personal Relationships* 14 (2007): 1–23.

3. Samantha Joel et al., "Machine learning uncovers the most robust self-report predictors of relationship quality across 43 longitudinal couples

studies," *PNAS* 117(32): 19061–71.

4. 你可以在这个网址中找到量化评估的数据：https://osf.io/8fzku/。涉及的电子表格为：理论分类的主代码本（最终版）。非常感谢乔尔向我指出文件的具体位置。

5. https://www.psychology.uwo.ca/pdfs/cvs/Joel.pdf.

6. 我在 2020 年 9 月 24 日对乔尔进行了线上采访。

7. Ed Newton-Rex, "59 impressive things artificial intelligence can do today," *Business Insider,* May 7, 2017, https:// www.businessinsider.com/ artificial-intelligence-ai-most-impressive-achievements-2017-3# security-5.

8. Bernard Marr, "13 mind-blowing things artificial intelligence can already-dy do today," *Forbes*, November 11, 2019, https:// www.forbes.com/sites/ bernardmarr/2019/11/11/13-mind-blowing-things-artificial-intelligence-can-already-do-today/#4736a3c76502.

9. Jon Levy, David Markell, and Moran Cerf, "Polar Similars: Using massive mobile dating data to predict synchronization and similarity in dating preferences,"*Frontiers in Psychology* 10 (2019).

10. "What are single women's biggest complaints about onlined ating sites?" *Quora*, https://www.quora.com/What-are-single-womens-biggest-complaints-about-online-dating-sites; https://www.quora.com/What-disappointments-do-men-have-with-online-dating-sites.

11. Harold T. Christensen, "Student views on mate selection,"*Marriage and Family Living* 9(4) (1947): 85–88.

12. Günter J. Hitsch, Ali Hortaçsu, and Dan Ariely, "What makes you click?—Mate preferences in online dating," *Quantitative Marketing and Economics* 8(4) (2010): 393–427. See Table 5.2.

13. 同上。

14. https://www.gwern.net/docs/psychology/okcupid/howyourraceaffects themessagesyouget.html.

15. Hitsch, Hortaçsu, and Ariely, "What makes you click?"

16. 同上。

17. 《每日邮报》发表了该研究结果。"Why Kevins don't get girlfriends: Potential partners less likely to click on 'unattractive names' on dating websites," DailyMail.com, January 2, 2012, https://www.dailymail. co.uk/news/article-2081166/Potential-partners-likely-click-unattractive-names-dating-websites.html. The academic study is Jochen E. Gebauer, Mark R. Leary, and Wiebke Neberich, "Unfortunate first names: Effects of name-based relational devaluation and interpersonal neglect," *Social Psychological and Personality Science* 3(5) (2012): 590–96.

18. Emma Pierson, "In the end, people may really just want to date themselves," *FiveThirtyEight*, April 9, 2014, https://fivethirtyeight.com/features/in-the-end-people-may-really-just-want-to-date-themselves/.

19. Levy, Markell, and Cerf, "PolarSimilars."

20. 不同特征对感情是否幸福的预测准确度可以在乔尔等人于 2020 年发表的论文的表 3、S4 和 S5 中找到。

21. Alex Speier, "The transformation of Kevin Youkilis," *WEEI*, March 18, 2009.

22. Paul W. Eastwick and Lucy L. Hunt, "Relational mate value: consensus and uniqueness in romantic evaluations," *Journal of Personality and Social Psychology* 106(5) (2014): 728.

第二章　数据化育儿：成为伟大父母的秘诀

1. Nehal Aggarwal, "Parents make 1,750 tough decisions in baby's first year, survey says,"*The Bump*, July 9, 2020, https://www.thebump.com/news/tough-parenting-decisions-first-year-baby-life.

2. Allison Sadlier, "Americans with kids say this is the most difficult age to parent," *New York Post*, April 7, 2020.

3. Jessica Grose,"How to discipline without yelling or spanking,"*New York Times*, April 2, 2019.

4. Wendy Thomas Russell, "Column: Why you should never use timeouts on yourkids,"*PBS NewsHour*, April 28, 2016.

5. Rebecca Dube, "Exhausted new mom's hilarious take on 'expert' sleep advice goes viral," *Today*, April 23, 2013,https://www.today.com/moms/exhausted-new-moms-hilarious-take-expert-sleep-advice-goes-viral-6C9559908.

6. 这里提到的所有年收入中位数均来自美国劳工统计局的《职业展望手册》，网址如下：https://www.bls.gov/ooh/。

7. "I want to enroll a boy in dance class (ballet, etc.) but I fear he could be bullied because it's a 'girl thing' and also that he might become gay. What should I do?," *Quora*, https://www.quora.com/I-want-to-enroll-a-boy-in-dance-class-ballet-etc-but-I-fear-he-could-be-bullied-because-its-a-%E2%80%9Cgirl-thing-and-also-that-he-might-become-gay-What-should-I-do.

8. 很多媒体都报道过吉姆·刘易斯和吉姆·斯普林格的故事，包括埃德温·陈 1979 年 12 月 9 日在《纽约时报》发表的文章《分开抚养的双胞胎：行走的实验室》。

9. Steve Lohr, "Creating Jobs: Apple's founder goes home again,"*New York*

Times Magazine, January 12, 1997.

10. 霍尔特一家的故事可以在这个链接里看到：https://www.holtinterna tional.org/pas/adoptee/korea-2-adoptees/background-historical-information-korea-all/。

11. Bruce Sacerdote,"How large are the effects from changes in family environment? A study of Korean American adoptees," *The Quarterly Journal of Economics* 122(1) (2007): 119–57.

12. Andrew Prokop, "As Trump takes aim at affirmative action, let's remember how Jared Kushner got into Harvard," *Vox*, July 6, 2018, https://www.vox.com/policy-and-politics/2017/8/2/16084226/jared-kushner-harvard-affirmative-action.

13. Michael S. Kramer et al., "Effects of prolonged and exclusive breast-feeding on child height, weight, adiposity, and blood pressure at age 6.5 y: Evidence from a large randomized trial,"*American Journal of Clinical Nutrition* 86(6) (2007): 1717–21.

14. Matthew Gentzkow and Jesse M. Shapiro, "Preschool television viewing and adolescent test scores: Historical evidence from the Coleman Study," *Quarterly Journal of Economics* 123(1) (2008): 279–323.

15. John Jerrim et al., "Does teaching children how to play cognitively demanding games improve their educational attainment? Evidence from a randomized controlled trial of chess instruction in England," *Journal of Human Resources* 53(4) (2018): 993–1021.

16. Hilde Lowell Gunnerud et al., "Is bilingualism related to a cognitive advantage in children? A systematic review and meta-analysis," *Psychological Bulletin* 146(12) (2020): 1059.

17. Jan Burkhardt and Cathy Brennan, "The effects of recreational dance

interventions on the health and well-being of children and young people: A systematic review," *Arts & Health* 4(2) (2012): 148–61.

18. "Acceptance Speech | Senator Bob Dole | 1996 Republican National Convention," YouTube, uploaded by Republican National Convention, March 25, 2016, https://www.youtube.com/watch?v=rYft9qxoLSo.

19. Seth Stephens-Davidowitz, "The geography of fame," *New York Times,* March 13, 2014.

20. 在不同地区长大和孩子未来发展之间的因果关系数据可以在这个网址找到：http:// www.equality-of-opportunity.org/neighborhoods/。

21. Raj Chetty et al., "The Opportunity Atlas: Mapping the childhood roots of social mobility," NBER Working Paper 25147, October 2018.

22. 作者在论文的一个章节中表示，一个人口普查区的平均收入每增加一个标准差，会带来家庭平均收入 21% 的增长；这种增长的 62% 由社区与儿童成长之间的因果关系造成。

23. 如果父母整体收入效应的标准差是社区收入效应标准差的 2 倍，那么父母整体收入效应的方差应是社区收入效应方差的 4 倍。

24. 社区、特征与向上流动的区域层面的相关性研究可以在切蒂等人于 2018 年发表的在线文章的图 5 和附录中的图 2 中找到。这些数据并不包括学校的师生比或家庭的教育支出。这两项数据来自美国的县级研究，具体内容可参考 Raj Chetty and Nathaniel Hendren, "The impacts of neighborhoods on intergenerational mobility II: county-level estimates," *Quarterly Journal of Economics* 133(3): 1163–28，具体见表 A.12 和表 A.14。

25. Alex Bell et al., "Who becomes an inventor in America? The importance of exposure to innovation," *Quarterly Journal of Economics* 134(2) (2019): 647–713.

26. Raj Chetty et al., "Race and economic opportunity in the United States: An intergenerational perspective,"*Quarterly Journal of Economics* 135(2) (2019): 711–83.

第三章 运动天赋：什么最有可能造就一名成功的运动员

1. David Epstein, "Are athletes really getting faster, better, stronger?" TED2014, https://www.ted.com/talks/david_epstein_are_ athletes_ really_getting_faster_better_stronger/transcript?language=en#t-603684.

2. 2018 年 11 月 7 日，贾森·诺特在 Marketwatch.com 上发表了题为《让你获得大学奖学金的最佳运动项目》的文章，讲述了奥罗克的故事。

3. Christiaan Monden et al., "Twin Peaks: more twinning in humans than ever before,"*Human Reproduction* 36(6) (2021): 1666–73.

4. 关于双胞胎节的报道非常多，包括布兰登·格里格斯 2017 年 8 月在美国有线电视新闻网播出的《以科学之名走进双胞胎》。

5. David Cesarini et al., "Heritability of cooperative behavior in the trust came," *PNAS* 105(10) (2008): 3721–26.

6. Paul M. Wise et al., "Twin study of the heritability of recognition thresholds for sour and salty tastes," *Chemical Senses* 32(8) (2007): 749–54.

7. Harriet A. Ball et al., "Genetic and environmental influences on victims, bullies and bully-victims in childhood,"*Journal of Child Psychology and Psychiatry* 49(1) (2008): 104–12.

8. Irene Pappa et al., "A genome-wide approach to children's aggressive behavior," *American Journal of Medical Genetics* 171(5) (2016): 562–72.

9. 我都是通过媒体报道来确认哪对双胞胎是同卵双胞胎的。关于斯蒂芬·格雷厄姆和乔伊·格雷厄姆是同卵双胞胎还是异卵双胞胎，网上的信息并不清楚且互相矛盾。网上也没有关于卡尔·托马斯和查尔斯·托马斯是同卵双胞胎还是异卵双胞胎的信息。所以我在领英上联系了查尔斯。他告诉了我答案：他们是同卵双胞胎。谢谢你的回复，查尔斯！

10. 这个概率必然与年份有关，但它比较的是美国某一年的出生总人数与当年在美国出生的 NBA 球员总数。例如，1990 年美国的出生人口为 420 万人，男性大约占一半；当年已有 64 名后来进入 NBA 的球员出生在美国。

11. 搜索我的网站 sethsd.com，点击进入双胞胎模拟模型（Twins Simulation Model），即可看到模型代码。

12. Jeremy Woo, "The NBA draft guidelines for scouting twins," *Sports Illustrated*, March 21, 2018.

13. 奥运会运动员的人数数据均来自维基百科。

第四章　财富积累：谁是真正的隐形富豪

1. Katherine Long, "Seattle man's frugal life leaves rich legacy for 3 institutions," *Seattle Times*, November 26, 2013.

2. Rachel Deloache Williams, "My brightlights misadventure with a magician of Manhattan," *Vanity Fair*, April 13, 2018.

3. Steve Berkowitz, "Stanford football coach David Shaw credited with more than $8.9 million in pay for 2019," *USA Today*, August 4, 2021.

4. Nick Maggiulli (@dollarsanddata), "2. Not thinking like an owner. Do you know who the wealthiest NFL player in history is? Not Brady/Manning/Madden. It's Jerry Richardson. Never heard of him? Me neither. He made his wealth from owning Hardees franchises, not playing in the NFL. Be an owner. Think like one too." February 8, 2021,

12:30 P.M., tweet.

5. Tian Luo and Philip B. Stark, "Only the bad die young:Restaurant mortality in the Western US," arXiv: 1410.8603, October 31, 2014.

6. 来自史密斯、亚甘、齐达尔、兹威克等人在线上发布的附录《21 世纪的资本家们》。其中，数据来自 http://www.ericzwick.com/capitalists/capitalists_appendix.pdf 中的表 J.3。非常感谢埃里克·兹威克给我提供具体的表格。

7. 这还包括 S 型公司和合伙制企业的老板。

第五章　创业：如何走上成功之路

1. 法德尔的故事被广泛报道，包括这里：Seema Jayachandran, "Founders of successful tech companies are mostly middle-aged," *New York Times,* September 1, 2019。

2. *The Tim Ferriss Show*#403,"Tony Fadell— On Building the iPod, iPhone, Nest, and a Life of Curiosity," December 23, 2019.

3. Corinne Purtill, "The success of whiz kid entrepreneurs is a myth," *Quartz*, April 24, 2018.

4. Lawrence R. Samuel, "Young people are just smarter,"*Psychology Today*, October 2, 2017.

5. "Surge in teenagers setting up businesses, study suggests," https:// www.bbc.com/news/newsbeat-50938854.

6. Carina Chocano, "Suzy Batiz' empire of odor," *New Yorker*, November 4, 2019; Liz McNeil, "How Poo-Pourri founder Suzy Batiz turned stinky bathrooms into a $240 million empire," *People*, July 9, 2020.

7. David J. Epstein, *Range* (New York: Penguin, 2019).

8. Paul Graham, "The power of the marginal,"paulgraham.com, http://www.

paulgraham.com/marginal.html.

9.   Joshua Kjerulf Dubrow and Jimi Adams, "Hoop inequalities: Race, class and family structure background and the odds of playing in the National Basketball Association,"*International Reviewfor the Sociology of Sport* 45(3): 251–57; Seth Stephens-Davidowitz, "In the N.B.A., ZIP code matters,"*New York Times,* November 3, 2013.

10. Seth Stephens-Davidowitz, "Why are you laughing?" *New York Times,* May 15, 2016.

11. Matt Brown, Jonathan Wai, and Christopher Chabris, "Can you ever be too smart for your own good? Comparing linear and nonlinear effects of cognitive ability on life outcomes," PsyArXiv Preprints, January 30, 2020.

第六章　运气：如何让运气为你所用

1.   爱彼迎的故事被广泛报道，包括这里：Leigh Gallagher, *The Airbnb Story: How Three Ordinary Guys Disruptedan Industry, Made Billions... and Created Plenty of Controversy* (New York: HMH Books, 2017)。

2.   Tad Friend, "Sam Altman's manifest destiny," *New Yorker*, October 3, 2016.

3.   Jim Collins, *Great by Choice (Good to Great)* (New York: Harper Business, 2011).

4.   Corrie Driebusch, Maureen Farrell, and Cara Lombardo, "Airbnb plans to file for IPO in August,"*Wall Street Journal*, August 12, 2020.

5.   Bobby Allyn and Avie Schneider, "Airbnb now a $100 Billion company after stock market debut sees stock price double," *NPR*, December 10, 2020.

6. Albert-László Barabási, *The Formula* (New York: Little, Brown, 2018).

7. Gene Weingarten, "Pearls Before Breakfast: Can one of the nation's great musicians cut through the fog of a D.C. rush hour? Let's find out," *Washington Post*, April 8, 2007.

8. R. A. Scotti, *Vanished Smile* (New York: Vintage, 2009).

9. https://www.beervanablog.com /beervana/2017/11/16/the-da-vinci-effect.

10. Caryn James, "Where is the world's most expensive painting?," BBC. com, August 19, 2021, https://www.bbc.com/culture/article/20210819-where-is-the-worlds-most-expensive-painting.

11. Fraiberger et al., "Quantifying reputation and success in art."

12. 特定艺术家的作品展出数据均来自塞缪尔·P. 弗雷伯格的数据集。

13. "The Promised Land (Introduction Part 1) (Springsteen on Broadway-Official Audio)," YouTube, uploaded by Bruce Springsteen, December 14, 2018, https://www.youtube.com/watch?v=omuusrmb6jo&list=PL9tY0BWXOZFs9l_PMss5AB8SD38lFBLwp&index=12.

14. Dean Keith Simonton, "Creativity as blind variation and selective retention: Is the creative process Darwinian?," *Psychological Inquiry* 10 (1999): 309–28.

15. *No Direction Home*, directed by Martin Scorsese, Paramount Pictures, 2005.

16. Aaron Kozbelt, "A quantitative analysis of Beethoven as self-critic: Implications for psychological theories of musical creativity," *Psychology of Music* 35(2007):144–68.

17. Louis Masur, "*Tramps Like Us:* The birth of *Born to Run*," *Slate*, September 2009, https://slate.com/culture/2009/09/born-to-run-the-groundbreaking-springsteen-album-almost-didnt-get-released.html.

18. Elizabeth E. Bruch and M. E. J. Newman, "Aspirational pursuit of matesin online dating markets,"*Science Advances* 4(8) (2018).

19. Derek A. Kraeger et al., " 'Where have all the good men gone?' Gendered interactions in online dating," *Journal of Marriage and Family* 76(2) (2014): 387–410.

20. Kevin Poulsen, "How a math genius hacked Ok Cupid to find truelove," *Wired*, January 21, 2014. McKinlay tells the story in his book *Optimal Cupid: Mastering the Hidden Logic of OkCupid* (CreateSpace Independent Publishing Platform, 2014).

21. Jason D. Fernandes et al., "Research culture: A survey-based analysis of the academic job market," *eLife Sciences*, June 12, 2020.

第七章　外貌：书呆子改头换面

1. Alexander Todorov, *Face Value* (Princeton, NJ: Princeton University Press, 2017). 我曾在 2019 年 5 月 7 日采访过托多罗夫。

2. Alexander Todorov et al., "Inferences of competence from faces predict election outcomes," *Science* 308(5728) (2005): 1623–26.

3. Ulrich Mueller and Allan Mazur, "Facial dominance of West Point cadetsas a predictor of later military rank,"*Social Forces* 74(3) (1996): 823–50.

4. Alexander Todorov and Jenny M. Porter, "Misleading first impressions: Different for different facial images of the same person," *Psychological Science* 25(7) (2014): 1404–17.

第八章　快乐：改变人生的魔法

1. Dan Gilbert et al., "Immune neglect: A source of durability bias in

affective forecasting," *Journal of Personality and Social Psychology* 75 (3) (1998): 617–38.

2. "What is it like to be denied tenure as a professor?," *Quora,* https://www. quora.com/What-is-it-like-to-be-denied-tenure-as-a-professor.

3. Donald A. Redelmeier and Daniel Kahneman, "Patients' memories of painful medical treatments: Real-time and retrospective evaluations of two minimally invasive procedures," *Pain* 66(1) (1996): 3–8.

第九章　痛苦：现代生活中的悲惨陷阱

1. Erik Brynjolfsson, Avinash Collis, and Felix Eggers, "Using massive online choice experiments to measure changes in well-being," *PNAS* 116 (15) (2019): 7250–55.

2. 美国社会综合调查的数据可在这里找到：https://gssdataexplorer.norc. org/trends/Gender%20&%20Marriage?measure=happy。

3. Matthew A. Killingsworth, "Experienced well-being rises with income, even above $75,000 per year,"*PNAS* 118(4) (2021).

4. Xianglong Zeng et al., "The effect of loving-kindness meditation on positive emotions: Ameta-analytic review,"*Frontiers in Psychology* 6 (2015):1693.

5. Alex Bryson and George MacKerron, "Are you happy while you work?" *Economic Journal* 127(599) (2016): 106–25.

6. Hunt Allcott et al., "The welfare effects of social media," *American Economic Review* 110(3) (2020): 629–76.

7. Peter Dolton and George MacKerron, "Is football a matter of life or death—or is it more important than that?," National Institute of Economic and Social Research Discussion Papers 493, 2018.

8. Sean Deveney, "Andrew Yang brings his hoop game, 2020 campaign to A.N.H. gym for new series," https://www.forbes.com/sites/seandeveney/2019/10/14/andrew-yang-2020-campaign-new-hampshire-luke-bonner/?sh=73927bbf1e47.

9. "Comedians Tackling Depression & Anxiety Makes Us Feel Seen," YouTube, uploaded by Participant,https://www.youtube.com/watch?v=TBV-7_qGlr4&t=691s.

10. Ben Baumberg Geiger and George MacKerron, "Can alcohol make you happy? A subjective wellbeing approach," *Social Science& Medicine* 156 (2016): 184–91.

11. George MacKerron and Susana Mourato, "Happiness is greater in natural-environments,"*Global Environmental Change* 23(5) (2013): 992–1000.

12. Chanuki Illushka Seresinhe et al., "Happiness is greater in more scenic locations," *Scientific Reports* 9 (2019): 4498.

13. Sjerp de Vries et al., "In which natural environments are people happiest? Large-scale experience sampling in the Netherlands,"*Landscape and Urban Planning* 205 (2021).

14. 所有与快乐相关的比较数据均由作者根据下面链接中的表 2 计算得出：https://eprints.lse.ac.uk/49376/1/Mourato_Happiness_greater_natural_2013.pdf。